SOCIOLOGIE DE LA MALADIE ET DE LA MÉDECINE

Sous la direction de
François de Singly

Ouvrage de Claudine HERZLICH

Santé et maladie, analyse d'une représentation sociale. Paris-La Haye, Mouton, 1969, 226 pages : réédition, Paris, Éditions de l'EHESS, 1992.

Médecine, maladie et société, Paris-La Haye, Mouton, collection « Les textes sociologiques », 1970, 318 pages.

Malades d'hier, malades d'aujourd'hui. De la mort collective en devoir de guérison,. Paris, Payot, 1984, 209 pages : nouvelle édition augmentée, 1991, 313 pages (avec Jeanine Pierret).

Le Sens du mal. Anthropologie, histoire, sociologie de la maladie, Paris-Montreux, Éditions des Archives Contemporaines, 1984, 278 pages (àvec Marc Augé).

Cinquante ans d'exercice de la médecine en France : carrières et pratiques des médecins français : 1930-1980, Paris, Éditions INSERM-Doin, 1993, 274 pages (avec Martine Bungener, Geneviève Paicheler, Philippe Roussin, Marie-Christine Zuber).

Réussir sa thèse en sciences sociales, Paris, Nathan 2002, 128 pages.

Philippe **ADAM** a été chercheur au Centre de recherche sur le Sida et à l'Institut de veille sanitaire, à Paris. Il travaille actuellement à l'Institut de veille sanitaire des Pays-Bas, à Amsterdam.

Claudine **HERZLICH**, fondatrice du CERMES (Centre de recherche Médecine, Maladie et Sciences sociales), est aujourd'hui directrice de recherche émérite au CNRS et directrice d'études à l'EHESS.

Internet : htpp// www.armand-colin.com
ISBN : 978-2-200-35275-2

SOMMAIRE

INTRODUCTION

Chacun de nous sait ce que c'est qu'être malade : nous avons tous été alités par la grippe ; nous connaissons tous des personnes atteintes de maladies graves, un diabète, une maladie cardiaque, un cancer par exemple ; nous avons tous lu les statistiques rendant compte de l'évolution de l'épidémie de sida ou tenté de comprendre les explications médicales concernant les maladies génétiques. À partir de ces expériences, la notion de maladie semble claire : c'est un état affectant le corps d'un individu. La médecine a pour fonction de la décrire en termes objectifs pour tenter de la traiter.

Conçues en ces termes, la maladie et la médecine semblent échapper à l'analyse sociologique. À l'inverse de l'entreprise, de l'école, de la famille qui constituent à l'évidence des réalités sociales, la maladie paraît au premier abord se réduire à sa réalité organique. De son côté, le développement du savoir médical, peu accessible au non-spécialiste, a longtemps fait écran au regard sociologique. C'est peut-être la raison pour laquelle il a fallu attendre 1948 pour que soit formulée par le sociologue américain Talcott Parsons la première analyse sociologique portant sur la maladie et la médecine dans la société contemporaine et définissant le rôle social[1] du médecin et celui du malade. Après lui, plusieurs sociologues parmi les plus importants (Robert King Merton, August Hollingshead, Renée Fox, Howard Becker, Erving Goffman, Eliot Freidson, Anselm Strauss...) ont

1. T. Parsons, « Illness and the Role of the Physician », in C. Kluckhohn et H.A. Murray, *Personality in Nature, Society and Culture*, New York, A.A. Knopf, 1948 ; voir aussi T. Parsons, « Structure sociale et processus dynamique : le cas de la pratique médicale moderne », in *Éléments pour une sociologie de l'action*, textes réunis et présentés par F. Bourricaud, Paris, Plon, 1955, pp. 197-238.

consacré de nombreux travaux à ces problèmes et leur étude est apparue féconde pour la compréhension de problèmes et de processus sociaux plus généraux.

Afin d'opérer une rupture avec la conception selon laquelle la maladie et la mort sont des réalités décryptables uniquement sur le plan biologique, on peut partir d'un texte célèbre publié par Marcel Mauss en 1926 : *« Effet physique chez l'individu de l'idée de mort suggérée par la collectivité »*[2]. Mauss s'appuie sur des faits observés dans des sociétés traditionnelles d'Australie et de Nouvelle-Zélande pour montrer comment le non-respect des règles sociales par un individu peut le conduire à la mort. Plus précisément, la conscience d'avoir rompu, par magie ou par péché, la relation avec les éléments constitutifs de son environnement social et le sentiment d'être exclu de la communauté, entraînent l'idée qu'il doit inéluctablement mourir. Cette simple pensée va effectivement faire dépérir puis mourir une personne en bonne santé.

Cet exemple, tiré d'observations ethnologiques, concerne des sociétés dites traditionnelles mais l'interaction de l'organique et du social n'est pas moins présente dans les sociétés occidentales modernes. Si l'on veut analyser les différentes manières dont la maladie est, dans notre société, liée au social, on doit en premier lieu s'attacher à sa nature et à sa distribution. Les maladies sont différentes selon les époques et les conditions sociales : aux épidémies d'autrefois ont succédé le cancer et les maladies cardio-vasculaires, tout récemment le sida. L'espérance de vie est, aujourd'hui en France, de plusieurs années plus longue pour les femmes que pour les hommes, pour les enseignants et les cadres que pour les manœuvres. Ces faits résultent d'interactions complexes entre processus organiques et facteurs sociaux.

La maladie est aussi socialement définie. Notons tout d'abord que des sociétés différentes reconnaissent chacune des maladies spécifiques. Ensuite, la maladie constitue toujours un état pourvu de significations sociales : être malade ou bien-portant n'est jamais socialement équivalent.

2. In *Sociologie et anthropologie*, Paris, PUF, 1968, pp. 311-330.

En particulier, la bonne santé s'identifie à la norme ; être en bonne santé et être « normal » d'une part, être malade et être dans un état « anormal » d'autre part, sont des notions quasiment synonymes. Mais la norme, dans ce cas, n'est pas comme le voulait Durkheim, assimilable à un type moyen existant « pour une espèce sociale déterminée, dans une étape définie de son développement »[3]. On ne peut avoir de la santé et de la maladie une simple conception statistique. Partout, la maladie est considérée comme indésirable et se dire malade ou bien portant constitue un jugement évaluatif.

Le philosophe Georges Canguilhem a bien montré que la norme qu'est la santé ne renvoie pas qu'à l'état organique individuel : « c'est au-delà du corps qu'il faut regarder pour déterminer ce qui est normal pour ce corps même » écrit-il[4]. Pour lui, la santé se définit par la capacité, pour l'homme, de maîtriser son milieu non seulement physique mais aussi social : « Le vivant ne vit pas parmi des lois mais parmi des êtres et des événements qui diversifient ces lois ». La maladie et la santé se définissent donc en fonction des exigences et des attentes liées à notre environnement, à nos insertions et à nos relations, familiales et professionnelles par exemple, et constituent, au sens propre, des états sociaux.

Les malades doivent être secourus. Toutes les sociétés ont développé des modalités de réponse au malheur que constitue la maladie et des formes de prise en charge des malades. Dans les sociétés modernes, la maladie a donné lieu à l'émergence de rôles, de professions et d'institutions extrêmement diversifiés et complexes qui sont ceux de la médecine scientifique. Leur étude, celle de leurs interactions avec les malades et les bien-portants, comporte plusieurs aspects : elle est d'abord l'occasion, pour le sociologue, de mesurer l'importance dans les sociétés industrielles des activités fondées sur la science et sur la technique. Sur cette base, on a vu apparaître une forme spécifique d'organisation du travail : celle de la « profession »,

3. É. Durkheim, *Les Règles de la méthode sociologique*, chap. III, Paris, PUF, 1987 (1ère édition 1894).
4. G. Canguilhem, *Le Normal et le pathologique*, Paris, PUF, 1966.

doublée d'une autorité particulière, celle de l'expert. De ce point de vue, le cas de la médecine a une valeur générale dont la portée dépasse le seul problème de la prise en charge des événements corporels.

De nos jours, le savoir et la pratique médicale structurent la façon dont chacun rencontre la maladie. Visites chez le médecin, examens et traitements rythment l'expérience que nous en avons et en forment le contenu concret. Le diagnostic et le pronostic sont les éléments essentiels à partir desquels la personne atteinte tentera de s'ajuster à la rupture que la maladie constitue dans de nombreux cas. La réalité biologique est ainsi socialement modelée par la prise en charge dont elle est l'objet.

Enfin, en diagnostiquant une maladie, le médecin ne fait pas que décrypter un état organique. En déclarant un individu « malade », il porte un jugement qui dépasse son état corporel et qui, retentissant sur son identité, lui assigne une position dans la société. Par l'étude des institutions et professions médicales, de leur fonctionnement, nous percevons donc comment une science, appliquée par des professionnels dans une pratique quotidienne, intervient dans la société.

Pour aborder ces différentes questions, une perspective pluridisciplinaire est indispensable. Dans les premiers chapitres, nous adopterons un point de vue historique autant que sociologique : nous analyserons, d'une part, l'évolution historique des maladies en Occident, qui aboutit à la situation sanitaire actuelle et, d'autre part, nous nous intéresserons à l'émergence de la médecine scientifique moderne pour mieux comprendre son rôle prédominant dans la prise en charge des maladies. Ensuite, nous nous attacherons à décrire les problèmes de la santé des populations et leurs déterminants sociaux. Dans les chapitres suivants, nous aborderons la maladie dans le champ social d'aujourd'hui en considérant les interprétations dont elle fait l'objet ainsi que le jeu des acteurs – les malades et les soignants – qui interagissent autour d'elle. Le fonctionnement de l'hôpital, institution prototypique de la médecine moderne, fera ensuite l'objet d'un chapitre. Nous terminerons par une analyse de la maladie « dans tous les lieux de la vie sociale » : paradoxalement, en effet, le développement de la médecine n'a pas aboli le rôle de la famille et de l'entourage dans la prise en charge de la maladie, et la prédominance de la science rencontre les limites que lui fixent aussi bien les valeurs et la culture que l'intimité de l'expérience individuelle et les règles érigées par le pouvoir politique.

Nous nous centrons dans ce livre sur la maladie plutôt que sur la santé, et plus précisément sur les maladies somatiques, c'est-à-dire affectant le corps. Certains problèmes ne pourront être abordés, faute de place. Nous parlerons peu du développement de la psychiatrie et des maladies mentales sauf dans leurs caractères généraux identiques à ceux des maladies corporelles. Nous traiterons encore moins des handicaps et de la prise en charge de la mort par la médecine. Chacun de ces thèmes mériterait un ouvrage à lui seul. Une présentation complète des travaux de sociologie de la médecine exigerait, par ailleurs, un chapitre portant sur la formation des médecins et des autres personnels soignants, un autre sur les systèmes de soins et enfin un chapitre sur les problèmes posés par la recherche médicale et le développement de la bioéthique. Nous indiquons, dans les orientations bibliographiques, quelques références introductives à ces questions.

1

LES MALADIES DANS L'HISTOIRE DES SOCIÉTÉS : DES FLÉAUX D'AUTREFOIS AUX MALADIES D'AUJOURD'HUI

Les maladies ont une histoire et chaque époque a « ses » maladies. Certaines d'entre elles existent depuis l'Antiquité, voire la Préhistoire : nous le savons parce que leurs traces ont été retrouvées sur des ossements dans des sites préhistoriques. Mais elles sont vécues très différemment selon les époques. En outre, sur le long terme, l'évolution des pathologies s'impose autant que leur persistance : les fléaux collectifs d'autrefois se distinguent nettement des maladies, le plus souvent individuelles, que nous connaissons aujourd'hui. Une part importante de cette évolution est le produit de bouleversements macrosociaux que nous allons développer.

1. Le temps des épidémies : l'Ancien Régime du mal

Pendant des siècles, les épidémies ont constitué les maladies dominantes au sein des sociétés. Bien sûr, d'autres types de maladies ont toujours existé. Nous en avons de nombreux témoignages : Montaigne, par exemple, décrit longuement dans *Les Essais* les maladies des reins et de la vessie dont il souffre. Mais les épidémies avaient des conséquences majeures sur le devenir des sociétés et elles s'imposaient aussi dans l'ordre des représentations : elles ont longtemps représenté aux yeux de tous le mal absolu.

1.1 Les conséquences démographiques des épidémies

De nombreux travaux historiques montrent comment la survenue d'une épidémie pouvait modifier le visage d'une région ou d'un pays par le nombre élevé de morts brutales, provoquant de graves déséquilibres démographiques. La grande peste d'Europe occidentale, la peste noire, qui a débuté à Messine en 1347 aurait fait, à elle seule, 26 millions de victimes, c'est-à-dire le quart de la population européenne. Ensuite cette maladie est réapparue à maintes reprises en Europe pendant quatre siècles[1]. Certaines de ses attaques sont demeurées célèbres, comme la peste de Londres de 1665 ou celle qui survient à Marseille en 1720.

Mais la peste est loin d'être seule à opérer des ravages. La présence de la lèpre est attestée en Europe occidentale dès le VIe siècle ; elle connaîtra son apogée au XIIIe siècle pour s'effacer ensuite. Du Moyen Âge à la fin du XVIIIe siècle, la variole constitue un autre fléau pouvant tuer, à chacune de ses flambées, un tiers des enfants d'un village et défigurant de nombreux autres. La syphilis n'apparaît en Europe qu'à la fin du XVe siècle, lors du siège de Naples par les Français en 1494 : la bataille doit s'interrompre car les deux armées sont ravagées par la maladie. Les Français la nomment « mal de Naples » tandis que les Napolitains l'appellent « mal français ». En fait, elle était, croit-on, apportée d'Amérique par les marins de Christophe Colomb. Il ne faut oublier dans cette liste ni la malaria, tuant des milliers de personnes comme à Naples en 1602[2], ni la tuberculose, ni la coqueluche et la rougeole, alors très meurtrières, ni le typhus, la typhoïde, la dysenterie, la diphtérie, etc. Au XIXe siècle, alors que la peste a disparu d'Europe, une autre épidémie arrive d'Asie, le choléra. La seule épidémie de 1832 fait, en France, plus de 100 000 morts[3].

1. Voir J.-N. Biraben, *Les Hommes et la peste en France et dans les pays européens et méditerranéens*, Paris-La Haye, Mouton, 1976.
2. Cité par J.-P. Lévy, *Le Pouvoir de guérir*, Paris, Éditions Odile Jacob, 1991.
3. P. Bourdelais, J.-Y. Raulot, *Une Peur bleue. Histoire du choléra en France, 1832-1854*, Paris, Payot, 1987.

1.2 L'expérience de la maladie au temps des épidémies

Les épidémies du passé renvoient donc à un régime particulier de la maladie comme phénomène collectif[4]. Au cours d'une épidémie, un individu n'est pas malade seul, l'entourage l'est également. Dans les communautés villageoises, presque toutes les familles sont touchées. Tous les récits des grandes épidémies s'appuient sur l'énumération du nombre des morts et toutes les descriptions incluent celle des cadavres qui encombrent les villes et les villages, bouleversant l'espace public. Les populations ont vite l'intuition de la contagion et cette notion est théorisée au XVIe siècle par le médecin italien Fracastor. Cependant, l'impuissance médicale est presque totale. Les réponses progressivement mises en place face à la contagion ont surtout été des mesures répressives. Elles visaient à isoler les malades, à les mettre en quarantaine dans des lazarets à la descente des bateaux, à boucler les quartiers ou les villages atteints.

Dès lors, la maladie, dans le cas de la peste surtout, signifie le plus souvent la mort brutale survenant dans un délai de quelques jours voire de quelques heures ; elle est parfois subie avec fatalisme par les malades eux-mêmes. Chez ceux qui les entourent, en revanche, la peur domine : on abandonne les malades. Boccace décrit ainsi les réactions à la peste noire à Florence : « Une telle épouvante était entrée dans les cœurs, aussi bien chez les hommes que chez les femmes, que le frère abandonnait son frère, l'oncle son neveu, la sœur son frère et souvent la femme son mari. Et chose plus forte et presque incroyable, les pères et les mères refusaient de voir et de soigner leurs enfants comme si ceux-ci ne leur eussent point appartenu[5]. » Des paniques se produisent ; ceux qui le peuvent, les riches surtout, tentent de fuir tandis que la communauté se désorganise ; certains

4. Voir C. Herzlich et J. Pierret, *Malades d'hier, malades d'aujourd'hui. De la mort collective au devoir de guérison*, Paris, Payot, 1984, deuxième édition augmentée, 1991.
5. Boccace, *Le Décaméron* (1353), Club français du livre, 1953, p. 13.

réagissent par la dérision et la débauche, d'autres par la colère. Toutes les épidémies ont ainsi engendré la recherche de boucs émissaires.

La lèpre qui, à la différence de la peste, est une maladie au long cours, rongeant lentement les corps, entraînait une autre réaction : la « séparation » ou « mise hors monde » à laquelle les individus atteints ne pouvaient échapper. La messe des morts était dite dans l'église tendue de draps noirs ; on jettait au malade des poignées de terre sur la tête, symbolisant ainsi son trépas. Ce rituel montre l'importance de la vision religieuse de la maladie englobant toutes les épidémies : elle est assimilée à une punition divine. D'ailleurs, les médecins eux-mêmes ont longtemps considéré que la pénitence et la purification des âmes constituaient les meilleurs remèdes. Les « flagellants » qui, durant la peste noire, parcourent l'Europe en se frappant de verges, expriment sous une forme extrême cette conception religieuse.

1.3 La faim et la misère comme causes et conséquences

Certaines épidémies ont eu des conséquences politiques considérables. Ainsi la variole et la rougeole, tuant en masse les populations indiennes, ont-elles été déterminantes dans la conquête de l'Amérique, au XVIe siècle, par les Européens. Toutes les guerres, entraînant de grands mouvements de population, sont d'ailleurs propices à la diffusion des épidémies. Mais surtout l'imbrication est très forte entre le niveau de développement d'une société et son état de santé, entre la faim et la maladie. Pendant des siècles, en raison surtout de la médiocrité des techniques agricoles, le monde occidental est un monde de la faim. Celle-ci constitue, écrit Jean-Paul Lévy, « une véritable maladie chronique qui fait le lit de l'infection »[6].

Les écarts climatiques, entraînant des récoltes encore plus mauvaises que d'habitude, viennent aggraver cette sous-alimentation chronique, fondée sur un régime alimentaire presque exclusivement composé de céréales : c'est alors la disette ou même la famine. Chaque siècle en connaît

6. *Op. cit.*, p. 9.

plusieurs. Or, chacune de ces crises de subsistance engendre un affaiblissement de la population qui se traduit par une hécatombe si une épidémie survient. Ensuite, le nombre des morts réduit les possibilités de travailler la terre et d'obtenir des récoltes abondantes. Un cycle infernal se perpétue donc. Dans son ouvrage, *Les Hommes et la mort en Anjou aux XVIIe et XVIIIe siècles*, François Lebrun analyse clairement la relation entre l'état de santé de cette région et son retard économique : « L'Anjou fait bien partie de ce vaste ensemble (...) qui connaît dans un siècle de progrès la stagnation des déshérités et des médiocres. Les hommes vivent mal, aussi sont-ils pitoyablement vulnérables face aux nombreux fléaux qui les accablent. Faire l'histoire de ces temps et de ces lieux, c'est observer le spectacle poignant d'hommes, de femmes et d'enfants qui se débattent ou se résignent, désarmés, devant la mort.[7] » Ainsi la misère est-elle à la fois la cause et la conséquence de la situation qui est alors celle de l'Anjou, tant sur le plan démographique que sanitaire. De nos jours, dans de nombreux pays du tiers monde, l'imbrication de la faim, de la misère et de la maladie existe toujours et les épidémies y sont aussi meurtrières que celles vécues autrefois dans tout l'occident.

2. Les premières amorces du progrès sanitaire

Cependant, au XVIIIe siècle, en France, la situation de l'Anjou commence à être atypique. Le régime démographique qui avait perduré pendant des siècles tend à se transformer : les épidémies se font plus rares et moins meurtrières, la population s'accroît et l'espérance de vie augmente.

2.1 Progrès sanitaire et « transition démographique »

Les facteurs influant sur cette transformation, et contribuant à ce que l'on appelle le développement sanitaire, sont extrêmement complexes et ils

7. F. Lebrun, *Les Hommes et la mort en Anjou aux XVIIe et XVIIIe siècles*, Paris, Flammarion, 1975, p. 368.

interagissent. Ainsi semble-t-il que la raréfaction de certaines épidémies s'est effectuée spontanément, en raison d'une sorte de « compétition » entre les germes de différentes maladies, les uns l'emportant sur les autres. Mais sans doute l'amélioration provient-elle aussi des diverses mesures de protection contre la contagion devenues efficaces à la longue. Cependant, il semble certain que le progrès médical, au sens strict, n'y a eu qu'une part limitée : les progrès de l'administration des villes, de l'économie, l'amélioration des techniques agricoles, celle des transports et du commerce qui permettent de mieux lutter contre famines et disettes sont infiniment plus importants[8]. Ainsi commence à se rompre, au cours du XVIIIe siècle, le cycle de la faim, de l'épidémie et du déséquilibre démographique. Au siècle suivant interviendront les avancées de l'hygiène et la diffusion de l'instruction pour tous. L'espérance de vie à la naissance passera de 28 ans sous Louis XV à 43 ans en 1872, 52 ans en 1920 et dépasse 75 ans aujourd'hui.

L'évolution que nous venons de décrire fait partie d'un processus historique d'importance considérable nommé transition démographique[9]. L'abaissement de la mortalité infantile y joue un rôle de premier plan. Tant que celle-ci demeure très élevée – les enfants sont encore plus sensibles que les adultes aux mauvaises conditions sanitaires – l'équilibre démographique ne peut être assuré que par une très forte fécondité. La population peut même légèrement s'accroître durant certaines périodes favorables mais ces progrès sont immédiatement remis en cause quand, comme nous l'avons montré, surgit la famine ou la maladie. En revanche, lorsque des changements durables surviennent la mortalité infantile s'abaisse : elle passe de 300 pour mille dans la seconde moitié du XVIIIe siècle à 160 pour mille à la fin du XIXe siècle. Peu à peu les populations européennes aligneront leurs comportements de procréation sur cette nouvelle réalité en ayant moins d'enfants. Cependant cette adaptation prend du temps : la fécondité baisse

8. F. Meslé et J. Vallin, « Santé et démographie : les conséquences du progrès de la médecine », in *L'Homme et la santé*, La Villette-Le Seuil, 1992, pp. 237-243.

9. J.-C. Chesnais, *La Transition démographique : étapes, formes, implications économiques*, Paris, PUF, Travaux et documents de l'INED, 1986.

plus lentement que la mortalité. Le résultat en est un important accroissement de la population européenne : de 1750 à 1950, elle passe de 150 à 575 millions d'habitants.

Cette explosion démographique s'accompagne dans les pays européens d'un vieillissement de la population. Il est d'abord alimenté par la réduction de la fécondité mais il est renforcé par la baisse de la mortalité à l'âge adulte et, plus récemment, au grand âge. Résultat des changements sanitaires, le vieillissement de la population entraîne à son tour des conséquences sur les maladies dominantes dans une société : celles propres à la maturité et à la vieillesse vont peu à peu croître en nombre et l'emporter.

2.2 De la phtisie à la tuberculose

Au XIXe siècle, alors que les grandes épidémies tendent à se raréfier, une autre maladie s'empare de l'imaginaire collectif et devient la préoccupation première des médecins : la tuberculose. Son existence est ancienne : on connaît, par exemple, la fréquence au Moyen Âge des écrouelles et des scrofules qui sont des formes de tuberculose disparues aujourd'hui. Mais, avec le temps, la forme pulmonaire, que l'on dénomme longtemps la phtisie, devient de plus en plus fréquente et, dès le début du XIXe siècle, elle engendre en Angleterre et en France, dans les grandes villes notamment, une mortalité considérable. Durant le premier quart du siècle, on considère qu'elle est responsable de 20 % des décès. En outre, l'attention qu'on lui porte est d'autant plus grande que les causes de mortalité épidémique brutale ont régressé.

L'angoisse qu'elle suscite est considérable et les représentations qui se développent sont d'abord marquées par le romantisme alors dominant. La phtisie, pense-t-on longtemps, est une affection héréditaire, atteignant de préférence les êtres jeunes, riches, doués et sensibles, en particulier les femmes et les poètes. La maladie révèle la vérité profonde d'êtres passionnés que l'on va parfois jusqu'à croire marqués par le génie. La fièvre, la consomption ne sont que l'expression organique du feu qui brûle leur âme. Vers la fin du siècle, l'élaboration de statistiques précises montrera une réalité bien différente : la tuberculose atteint surtout les pauvres, les prolétaires des grandes villes ; c'est une maladie de la misère et des taudis. Parallèlement, on cesse de la concevoir comme héréditaire : en 1882 on découvre le germe qui en est responsable, le bacille de Koch, et on en affirme le caractère contagieux. Elle devient alors l'objet d'une entreprise de moralisation autant que d'une lutte strictement médicale. Des ligues se constituent autour de divers fléaux sociaux : la tuberculose mais aussi l'alcoolisme et le péril vénérien. La maladie, pensent médecins, politiques et notables, est engendrée par le manque d'hygiène des classes populaires, lui-même reflet de leur dégradation voire de leur immoralité.

Tant dans l'imaginaire que par le danger qu'elle représente, la tuberculose prend donc le relais des grandes épidémies antérieures. Toutefois ses caractères propres introduisent un changement décisif dans l'image que l'on peut se faire des malades et dans le statut qui leur est attribué. En effet, même si cette maladie tue massivement, elle n'est plus vécue comme un phénomène collectif. On meurt individuellement et assez lentement de la tuberculose : elle devient donc, parfois pendant de longues années, une forme de vie alors que, par sa brutalité, l'épidémie ne constituait guère jusqu'alors qu'une forme de mort. La longueur du délai permet aussi d'apercevoir un personnage à peine entrevu dans les épidémies : le malade, sa condition et son mode de vie spécifique. Celui-ci prendra deux formes : d'abord, pour les riches du début du siècle, le voyage dans un pays ensoleillé dont on veut espérer une amélioration, mais qui est aussi le privilège d'un condamné. Il est remplacé plus tard par le « sana ». Les premiers sanatoriums seront créés en Silésie entre 1854 et 1859 ; ceux pour les riches sont luxueux – l'écrivain allemand Thomas Mann en a fait dans son roman *La Montagne magique* une description inoubliable. Plus tard, on créera des « sanas » pour les pauvres. Ils ne fermeront, progressivement, qu'après la découverte, vers 1950, des antibiotiques, de la streptomycine et du Rimifon, médicaments permettant enfin de maîtriser cette maladie.

Le mode de vie « à part » du tuberculeux évoque et, en un sens, prolonge l'exclusion traditionnelle des malades ; celle des lépreux par exemple. Néanmoins, la coupure n'est plus radicale : on ne veut plus faire disparaître le mal et ses victimes. Dans les sanas, les malades reçoivent des visites. Ils espèrent aussi en sortir. En outre, le sana constitue un monde en soi, une micro-société avec ses habitudes (la « cure d'air », la suralimentation), ses règles et ses rituels, ses modes de relation. Le roman de Thomas Mann décrit magistralement le cas de patients fortunés soignés dans un établissement de luxe. Il montre leur mode de vie plein de jouissance et de raffinement. Pierre Guillaume [10] a analysé l'organisation stricte et la discipline plutôt rigoureuse, ainsi que les pratiques de sociabilité des sanas français. Il montre aussi que la coupure avec l'extérieur n'est pas totale : la « TSF » produit une véritable révolution ; en outre certains établissements passent des accords avec des universités pour que les pensionnaires puissent suivre des études. Enfin, vers 1930, se créent des associations de malades tuberculeux.

3. Malades et maladies aujourd'hui

Avec la tuberculose, un statut différent du malade commence donc à émerger : même si cette affection est vue comme un fléau, une menace pour la société, elle ne constitue plus un risque d'anéantissement collectif pour un village, un quartier, une province. C'est bien l'individu tuberculeux qui est au centre des préoccupations. Dans les sociétés industrielles d'aujourd'hui, la raréfaction des maladies infectieuses et leur maîtrise possible par les antibiotiques, la prédominance, au contraire, des maladies chroniques et dégénératives non transmissibles, comme les maladies cardio-vasculaires ou le diabète, renforcent encore cette individualisation. À la différence des épidémies, pour lesquelles régnait la terreur de la contagion et donc la peur du malade, les maladies modernes n'inquiètent plus l'entourage, sinon le plus proche.

10. Pierre Guillaume, *Du Désespoir au salut : les tuberculeux aux XIXᵉ et XXᵉ siècles*, Paris, Aubier, 1986. Voir aussi C. Herzlich et J. Pierret, *Malades d'hier, malades d'aujourd'hui*, *op. cit.*, chapitre II.

Souvent, nous n'en avons même pas conscience : à la différence de beaucoup de maladies du passé, marquant extérieurement le corps (les bubons de la peste ou les marques indélébiles de la variole), les maladies chroniques ne s'accompagnent pas de symptômes directement visibles. Parfois, seul le malade lui-même se sait atteint, et cette situation peut durer des années, voire la plus grande partie de la vie d'un individu ou sa vie entière. Dans la plupart des cas, en effet, la médecine dispose désormais de moyens permettant de faire vivre, au prix de divers traitements, des personnes autrefois rapidement condamnées. Ces maladies n'exigent que rarement une hospitalisation prolongée et les patients peuvent souvent entreprendre ou continuer une vie professionnelle. Cependant la médecine ne les guérit pas : on demeure hémophile ou diabétique toute sa vie. Le malade doit donc apprendre à composer entre les limitations que son état lui impose et les contraintes de la vie sociale, professionnelle et familiale. Il doit réussir à faire de sa maladie une forme de vie.

La dernière caractéristique des maladies chroniques qui retentit sur la condition des malades d'aujourd'hui est le rapport étroit que ceux-ci entretiennent avec la médecine. Les personnes atteintes de maladies chroniques sont, la plupart du temps, astreintes à des soins permanents impliquant une attention minutieuse à leur corps et un contact régulier avec la médecine. C'était déja le cas pour la tuberculose qui, de ce point de vue aussi, apparaît comme intermédiaire entre les épidémies d'autrefois et la maladie d'aujourd'hui. Dans les sanas, les pensionnaires apprenaient à surveiller attentivement leur état de santé et étaient pour cela en rapport constant avec les médecins (ces derniers étaient, d'ailleurs, assez souvent d'anciens patients). On retrouve cette emprise de la médecine dans le cas d'une autre maladie majeure des sociétés développées ; une de celles qui suscitent, chez tous, les plus grandes craintes : le cancer.

3.1 Un « fléau moderne » : le cancer

Le cancer, contrairement à ce que l'on croit souvent, n'est pas une maladie nouvelle : ce sont les Grecs anciens qui lui ont donné son nom (« crabe » en grec) et, depuis fort longtemps, on le considère comme une maladie terrifiante. Toutefois c'est au début du XXe siècle qu'il commence à faire l'objet de dénombrements précis, qu'on s'effraie de sa progression et qu'il apparaît comme une menace pour la société. La hantise de la tuberculose est alors toujours présente ; parallèlement pourtant, un nouveau fléau vient occuper la conscience collective[11]. L'évolution démographique y joue un rôle : le cancer est typiquement une maladie de l'âge mûr et de la vieillesse. Il est donc normal que sa fréquence augmente dans une société vieillissante.

La crainte que suscite le cancer n'est pas moins vive que les grandes peurs du passé et elle demeure obsédante de nos jours. Alors qu'on peut en guérir dans un certain nombre de cas, le cancer, comme autrefois l'épidémie, n'est, dans nos représentations, associé qu'à la mort. Cependant, ce n'est pas à tort qu'on le considère comme le prototype d'une maladie d'aujourd'hui ; un « fléau moderne »[12]. Il combine en effet les traits, que nous venons de décrire, définissant l'expérience de la maladie qui nous est désormais la plus familière : c'est une maladie individuelle sans aucun caractère transmissible ; certains cancers peuvent être d'évolution rapide mais c'est le plus souvent une maladie au long cours ; il se caractérise enfin par l'ampleur de l'investissement médical qu'il a suscité. La découverte et la mise en place de la radiothérapie au cours des années vingt est un des premiers exemples de thérapeutique puissante, mais parfois dangereuse, caractéristique de la médecine moderne. Avec « les rayons », le cancéreux cesse d'être, irrémédiablement, un incurable. Le cancer est aussi à l'origine de l'hôpital moderne : les centres anti-cancéreux sont les premiers services de pointe au sens contemporain du terme, écrit Patrice Pinell.

---

11. Voir P. Pinell, *Naissance d'un fléau : histoire de la lutte contre le cancer en France (1890-1940)*, Paris, A.M. Métailié, 1992.
12. *Ibid.*

3.2 L'apparition du sida : un nouveau régime du mal ?

L'apparition du sida, au début des années quatre-vingt, brouille cependant l'opposition entre les épidémies du passé et les maladies modernes. Contrairement à ce que l'on a cru pendant plusieurs décennies, l'âge des maladies infectieuses, et surtout des maladies virales, n'est probablement pas clos. La réapparition d'une maladie transmissible, au développement rapide, à laquelle on a accolé très vite le nom d'épidémie, inséparable de l'idée d'une menace globale pour notre société, réveille des peurs disparues. Si l'on compare le sida d'aujourd'hui aux épidémies d'autrefois, écrit l'historien Patrice Bourdelais, on est frappé de certaines similarités dans les réactions individuelles et collectives[13].

Le sida présente pourtant de très nombreuses différences avec les épidémies du passé. Globalement, il est beaucoup moins meurtrier que celles-ci : en France, qui est un des pays européens les plus touchés, 24 226 cas ont été recensés en 1993 depuis le début de la maladie et l'on estime à environ 150 000 le nombre de personnes séropositives. En revanche, le risque mortel est, actuellement, plus grand encore pour les individus atteints que dans le cas des épidémies d'autrefois : la peste laissait quelques chances de survie et, au XIXe siècle, environ un cholérique sur deux parvenait à guérir. Une autre différence réside dans le fait que le virus du sida agit lentement : le temps de latence entre l'infection et le développement éventuel de la maladie peut atteindre une décennie. Une nouvelle figure apparaît donc, celle du séropositif, qui n'est pas un malade mais une personne « à risque de maladie »[14]. La personne séropositive doit gérer, parfois pendant des années, une situation complexe : elle mène une vie normale mais marquée d'une grande incertitude quant au futur et, souvent,

13. P. Bourdelais, « Contagions d'hier et d'aujourd'hui », *Sciences sociales et santé*, février 1989, pp. 12-17.
14. D. Carricaburu et J. Pierret, « Vie quotidienne et recompositions identitaires autour de la séropositivité », Rapport CERMES, 1992, multigraphié.

elle se fait suivre médicalement. Cette situation ne manque pas de présenter certaines similitudes avec les maladies chroniques ; en revanche, la nécessité d'avoir à réguler ses relations sexuelles afin d'éviter à ses partenaires le risque de contamination rapproche à nouveau le sida de certaines maladies anciennes, en particulier la syphilis.

L'investissement médical et scientifique massif autour du sida en fait aussi une « maladie d'aujourd'hui » par excellence. Sa prise en charge n'est pourtant pas sans problèmes : le sida a révélé les limites de l'efficacité de la médecine mais aussi les difficultés de la décision en matière de santé publique et il a mis en évidence certaines insuffisances de notre système de soins. Néanmoins, il a été l'objet, au niveau national et international, d'une mobilisation considérable, montrant l'ampleur des capacités de réaction des sociétés développées. En revanche, les ressources financières, sanitaires et sociales manquent cruellement pour faire face à la maladie dans les pays du tiers monde. Le sida est donc également révélateur de l'importance des inégalités entre nations riches et pauvres et entre continents.

Cependant le trait le plus marquant de la réponse à cette nouvelle maladie est sans doute la part considérable qu'y jouent les associations d'aide aux malades [15]. Ce n'est pas la première fois que se développent autour d'une maladie de tels groupements, composés de patients ou de leurs proches : nous avons signalé la naissance des associations de tuberculeux et il en existe pour de nombreuses maladies chroniques. Mais, dans le cas du sida, leur rôle est crucial et les relations qui se nouent entre elles, les médecins, les scientifiques et le pouvoir politique sont plus étroites et plus complexes que dans le cas d'autres affections. À travers les associations créées autour du sida, le point de vue des malades et de la société globale pèse d'un poids inhabituel face au point de vue des médecins. La maladie est donc l'affaire de groupes et pas seulement d'individus ; elle se manifeste dans l'espace public et pas seulement dans l'espace privé de la relation méde-

15. Sur ce point voir M. Pollak, *Les Homosexuels et le sida : sociologie d'une épidémie, Paris*, A.M. Métailié, 1988.

cin-malade. Elle reprend ainsi une dimension collective. Nous analyserons plus longuement ces différents problèmes dans la suite de cet ouvrage (chapitre 7).

Au travers de ce cadrage historique fondé sur l'évolution des pathologies dominantes à différentes époques, nous avons voulu montrer les grandes lignes de la transformation du statut des malades et des types de relations sociales qui s'instaurent autour de la maladie. Nous reviendrons en détail sur les relations sociales autour des maladies, en particulier dans les derniers chapitres de cet ouvrage. Mais, dans cette évolution, un autre facteur est apparu crucial : l'avènement de la médecine moderne, auquel nous allons nous attacher à présent.

2

L'ÉMERGENCE DE LA MÉDECINE MODERNE ET SON RÔLE DANS LA PRISE EN CHARGE DE LA MALADIE

Dans les sociétés industrialisées contemporaines, la maladie implique le contact avec la médecine. Consulter un médecin et suivre ses prescriptions représente la réaction presque immédiate lors de tout malaise ou de toute manifestation corporelle inhabituelle. C'est même une obligation morale : il faut être un « bon malade », c'est-à-dire qu'il faut se soigner. De plus, nous subissons souvent un examen médical en dehors de tout trouble : dans le cadre de la médecine scolaire ou de la médecine du travail par exemple. L'attention préventive à notre corps fait partie de nos droits mais aussi de nos devoirs.

Ce comportement s'est imposé en France au cours des cinquante dernières années. Avant la Seconde Guerre mondiale encore, on ne consulte le médecin que si l'on juge la maladie suffisamment grave. L'évolution qui a abouti à la situation actuelle, celle d'une société « médicalisée », a mis des siècles à s'accomplir. Elle suppose d'abord que l'homme cesse de percevoir la maladie comme un mal sur lequel il n'a pas de prise. La résignation doit s'effacer devant la volonté de connaître et d'agir. Dans les sociétés occidentales celle-ci s'est incarnée dans le développement de la médecine scientifique, qui se double d'un activisme médical ayant d'ailleurs anticipé sur l'efficacité des thérapeutiques. Parallèlement, notre société a peu à peu mis la santé au premier rang de ses valeurs et a créé un ensemble de dispositifs assurant à chacun le droit aux soins.

1. Une longue lutte contre la maladie

Nous l'avons vu à propos des épidémies : longtemps les hommes ressentirent surtout leur impuissance face à la maladie. Durant l'Antiquité, elle est liée au destin, au *fatum*, qui s'abat sur l'individu brutalement et inexorablement. Puis, dans l'Occident chrétien, la conception religieuse du mal a relayé celle du destin inéluctable : Dieu envoie la maladie à l'homme en raison de sa nature pécheresse ; elle doit être l'occasion de la rédemption.

Pourtant, dans aucune société le fatalisme ne fut total. Lutter contre la maladie, même si l'espoir de la vaincre est faible, est une conduite de toujours. Mais, avant de se concentrer sur la médecine, les moyens de cette lutte sont longtemps très divers. En France, à la fin du Moyen Âge, il n'y a pas de médecins dans les villages et la mort y est omniprésente. On s'adresse indifféremment aux devins et guérisseurs dont les pratiques confondent remèdes empiriques, rituels magiques et recours religieux : l'emploi des décoctions d'herbes va de pair avec les prières et pénitences et s'accompagne de conjurations magiques [1]. Pendant des siècles, l'Église lutte contre les sorciers, et surtout les sorcières, et s'efforce de marquer la frontière entre l'appel à Dieu et des pratiques qu'elle réprouve. Cependant, l'exemple des saints guérisseurs montre combien, pour la population, les deux registres magiques et religieux sont mêlés : loin de ne voir en eux que des intercesseurs auprès de la volonté divine, elle les considère comme des faiseurs de miracles dont l'efficacité est accrue par l'observance de rites matériels.

Cette proximité entre médecine, magie et religion, caractéristique des médecines anciennes, tant savantes que populaires, existe dans toutes les cultures. Dans les sociétés traditionnelles, les représentations de la maladie se relient à des conceptions plus générales : celles de l'univers, des dieux, de la personne, des rapports au sein du lignage. Les pratiques pour diagnostiquer et soigner incluent toujours des éléments magico-religieux : séances

1. Cf. F. Lebrun, *op. cit.*, ainsi que R. Muchembled, *La Sorcière au village*, Paris, Gallimard-Julliard, collection Archives, 1979.

de divination pour établir les causes du trouble, sacrifices aux dieux ou aux génies, exorcismes pour expulser du corps du patient le démon ou l'ancêtre responsable de la maladie[2]. Presque toujours, le thérapeute est aussi prêtre ou sorcier ; dans certains cas, ces trois personnages sont considérés comme également compétents pour traiter la maladie.

La médecine scientifique moderne paraît très différente ; elle se caractérise par la prédominance progressive d'une orientation empirique, par la spécialisation de la fonction du médecin et l'élaboration d'un savoir rationnel sophistiqué. Pourtant, l'opposition n'est pas absolue : toutes les médecines des sociétés anciennes ou traditionnelles incluent des éléments empiriques et, dans la médecine occidentale aussi, on peut noter des rémanences d'aspects religieux. En latin, le terme de *professio*, d'où vient celui de « profession » désignant l'exercice de la médecine, a ce sens : accomplit une *professio* celui qui affirme sa foi et prononce ses vœux pour accéder à l'état ecclésiastique ou monacal.

La médecine hippocratique

Dans la médecine hippocratique, ces deux caractères coexistent. Hippocrate, né à Cos vers 460 avant notre ère, a exerçé comme médecin dans le temple du dieu grec Asclépios mais, pour lui, la maladie est un objet d'observation et de raisonnement ; il en recherche les causes naturelles. Il n'est pas certain qu'il soit l'auteur de tous les traités qui lui sont attribués mais ceux-ci s'attachent à décrire des ensembles de symptômes pouvant fonder un pronostic de l'évolution de l'état du malade. Hippocrate va élaborer une théorie, le système des quatre humeurs, qui marquera l'évolution de la médecine pendant des siècles. La maladie et la santé reposent sur l'équilibre entre la bile noire (*atra bilis* ou mélancolie), la bile jaune, le flegme (ou pituite) et le sang. Ces éléments s'intègrent dans un sytème

2. Pour des exemples classiques d'études de la médecine des sociétés traditionnelles, voir, par exemple : E.E. Evans-Pritchard, *Sorcellerie, oracles et magie chez les Azandé*, Paris, Gallimard, 1972 (traduction de *Witchcraft, Oracles and Magic among the Azande*, 1937) ; V.W. Turner, *Les Tambours d'affliction*, Paris, Gallimard, 1972 (traduction de *The Drums of Affliction*, 1972).

de correspondances plus vastes liant les éléments cosmiques (le feu, l'air, l'eau et la terre), les saisons et la météorologie (le chaud, le froid, le sec, l'humide), les quatre points cardinaux.

Le vocabulaire hippocratique des humeurs imprègne encore notre langage : nous nous faisons souvent de la bile et, parfois, notre sang ne fait qu'un tour... Mais si, pour les médecins d'aujourd'hui, Hippocrate est le fondateur de la médecine scientifique, ce n'est pas en raison du contenu de la théorie des humeurs mais parce qu'il s'efforçait de la faire coïncider avec l'observation attentive de l'état du malade. Pourtant, dans son système, la divinité gardait un rôle : certaines maladies, en particulier les épidémies, découlaient de la volonté divine et avaient valeur de sanction morale.

2. Le lent développement de la médecine scientifique occidentale

La théorie des humeurs constitue le premier de plusieurs grands systèmes spéculatifs médicaux qui se succéderont au cours de l'Antiquité. Cinq cents ans plus tard, Galien, né à Pergame en 131 après Jésus-Christ, fera accomplir de grands progrès, en particulier à l'anatomie, sur la base des idées hippocratiques. Ses idées vont dominer la médecine pendant plus d'un millénaire mais, après avoir été facteur de progrès, elles se figeront durant tout le Moyen Âge en un dogmatisme stérilisant. Tandis que la médecine grecque survit en Orient et que les textes hippocratiques sont traduits en arabe, la médecine occidentale se sclérose. La seule exception est l'école de Salerne, dans le sud de l'Italie, où s'opèrent des échanges avec les mondes arabes et byzantins.

La création des universités – celle de Montpellier date de 1220, celle de Paris de 1253 – ne change guère cette situation : on s'y consacre à l'analyse des traités antiques dans un esprit purement dogmatique. Le médecin y gagne toutefois un statut : par son appartenance à l'université, il est un privilégié. Le titre de docteur a été créé par Roger II de Sicile en 1140. Sa présence reste pourtant rare en dehors des grandes villes et son rôle limité : au XVIIe siècle, lors de la mort des rois et des princes, c'est encore le prêtre qui a la première place à leur chevet[3]. Le médecin ne fait guère qu'annoncer l'imminence du trépas. D'ailleurs, il ne se livre à aucune intervention matérielle sur le corps : c'est le rôle des barbiers et des chirurgiens, de savoir et de rang inférieurs (ils ignorent le latin), et dont la clientèle est plus modeste. Imbus de leurs prérogatives et groupés en corporations qui défendent leurs privilèges, les médecins mèneront contre eux une lutte acharnée : en France, les chirurgiens n'auront un statut satisfaisant qu'en 1743.

L'atmosphère de l'université médiévale et l'emprise de l'Église expliquent le piétinement du savoir. Cependant, à partir du XVIe siècle, la médecine empirique et rationnelle progresse : le Flamand Vésale opère des dissections. Dans la préface à ses ouvrages d'anatomie, intitulée *La Fabrique du corps humain*[4], qu'il adresse à Charles Quint, il dénonce l'ignorance des médecins et plaide pour le renouveau de la connaissance du corps humain. Le chirurgien français Ambroise Paré substitue la ligature des artères à la cautérisation dans les amputations ; l'Italien Fracastor, auquel on doit le terme de syphilis, émet les premières théories concernant la contagion. Au siècle suivant, l'Anglais William Harvey élabore la théorie de la circulation du sang. Cependant, les médecins ne sont pas toujours les auteurs des découvertes les plus importantes : celle du microscope est due à un drapier hollandais, Leeuwenhoek, qui put voir pour la première fois, en 1673, des globules rouges et des spermatozoïdes. À sa suite, le médecin italien Malpighi effectua les premières études au microscope de tissus humains.

2.1 La naissance de la médecine clinique

Au début du XIXe siècle s'amorce un tournant décisif : celui de la médecine anatomo-clinique, encore appelée « école de Paris », à laquelle on associe

3. Cf. M. Vovelle, *Mourir autrefois, attitudes collectives devant la mort au XVIIe et XVIIIe siècles*, chapitre IV, Collection « Archives », Gallimard-Julliard, 1974.
4. Réédité par l'INSERM et Actes Sud en 1987.

les noms de Cabanis et Pinel et surtout ceux de Corvisart, Laennec, Bichat et Bretonneau[5]. La médecine anatomo-clinique repose sur trois principes. D'abord, grâce au rapprochement des médecins et des chirurgiens et par la pratique systématique de l'autopsie, la maladie est désormais assimilée, non à un ensemble de symptômes confus, mais au résultat de lésions organiques. Ensuite, les cliniciens développent avec génie, dans le cadre hospitalier, l'observation « au lit du malade ». Enfin, cette observation s'accompagne de nouvelles techniques d'investigation : la percussion, inventée par le Viennois Auenbrugger et diffusée par Corvisart, l'auscultation mise au point par Laennec. Sur ces bases, la théorie des humeurs et les autres systèmes spéculatifs sont définitivement dépassés : l'on décrit avec précision un grand nombre d'affections (tuberculose, typhoïde, diphtérie, asthme, pneumonie, cirrhose du foie, etc.) que le regard médical n'avait pas identifiées jusqu'alors.

Au milieu du XIXe siècle, au moment où la clinique commence à s'essouffler, un autre courant, appuyé sur les concepts de la physique et de la chimie prend le relais, celui de la « médecine expérimentale » de Claude Bernard : elle considère que la maladie, la lésion, est due à des altérations fonctionnelles dont on peut repérer clairement les mécanismes et les effets en chaîne. Un peu plus tard, les travaux de Pasteur en France, et ceux de Koch en Allemagne, vont en préciser les causes dans l'immense domaine des maladies infectieuses : la découverte des micro-organismes microbiens vient donner un contenu précis aux intuitions de Fracastor sur la contagion. Désormais, on considère que chaque maladie infectieuse a une cause spécifique et l'on isole progressivement les différents germes responsables, de même que l'on commence à comprendre les mécanismes permettant à l'organisme de leur résister. Les conséquences des découvertes bactériologiques seront considérables pour la prévention comme pour la thérapeutique. Avec les vaccinations notamment, mais aussi avec le développement

5. Voir M. Foucault, *Naissance de la clinique. Une archéologie du regard médical*, Paris, PUF, 1963 et E.H. Ackerknecht, *La médecine hospitalière à Paris (1794-1848)*, Paris, Payot, 1986 (traduction de *Medicine at the Paris Hospital (1794-1848)*, Baltimore, Johns Hopkins University Press, 1967).

de l'asepsie, un pas décisif est franchi par la médecine sur le plan de l'efficacité comme de la connaissance[6].

2.2 Des progrès continus

Par la suite, jusqu'à la Seconde Guerre mondiale, les avancées, moins spectaculaires, sont cependant importantes. Sur le plan du diagnostic, en particulier : à partir de la découverte des rayons X en 1895, les procédés radiographiques progressent rapidement. Les progrès de l'anesthésie permettent une meilleure maîtrise des interventions chirurgicales et de nouveaux traitements apparaissent, comme l'insuline utilisée pour soigner le diabète. On découvre aussi les vitamines et les sulfamides, premiers médicaments doués d'efficacité pour traiter les maladies infectieuses.

Cependant, aucune de ces découvertes n'a l'impact qu'aura, quelques années plus tard, celle des antibiotiques. En France, les médecins qui ont assisté à leur introduction, à la Libération, par les armées alliées, parlent tous du « miracle des antibiotiques »[7] : des malades atteints de maladies infectieuses, dont l'issue était jusqu'alors fatale, guérissent en quelques heures. Pendant quelques années, l'idée s'impose d'une toute-puissance potentielle de la médecine. La réalisation, en 1967, de la première greffe cardiaque renforce encore ce sentiment. Nous savons cependant aujourd'hui que l'efficacité de la médecine a des limites.

3. La « profession » de médecin

Depuis un siècle, parallèlement à son développement scientifique, la médecine a connu un changement décisif de son statut social.

---

6. Sur l'importance de l'œuvre de Pasteur, voir Claire Salomon-Bayet, *Pasteur et la révolution pastorienne*, Paris, Payot, 1986.
7. Voir C. Herzlich, M. Bungener, G. Paicheler et al., *Cinquante Ans d'exercice de la médecine en France. Carrières et pratiques des médecins français, 1930-1980*, Paris, Éditions Doin-INSERM, 1993, pp. 161-163.

3.1 Le statut de « profession »

Elle s'est vue reconnaître une pleine autorité sur la maladie et a obtenu le monopole de son traitement. Cette évolution s'est accompagnée de l'obtention d'une position privilégiée, prévalant toujours aujourd'hui, que la sociologie désigne par le terme d'accession au statut de « profession ». Les sociologues y voient un processus caractéristique de l'évolution des sociétés modernes et considèrent la médecine comme le prototype de la profession. Celle-ci sert alors de modèle pour des analyses qui intéressent l'ensemble de la réflexion sociologique.

Globalement, les « professionnels » se distinguent des autres métiers par un haut niveau de formation abstraite et spécialisée et une « orientation de service » envers la population à laquelle correspond l'idée de « vocation ». Les professions se différencient aussi des autres occupations par le fait que leur est reconnu le monopole de leur activité ainsi qu'une autonomie exceptionnelle dans son exercice et dans son contrôle : ce sont les médecins qui déterminent le contenu des études médicales et qui ont rédigé le code de déontologie médicale reconnu par l'État ; ils dépendent de leurs propres associations (l'Ordre des médecins). Le contrôle qui s'exerce sur eux est donc essentiellement un autocontrôle. Enfin, ils sont dominants dans le champ de la santé : les autres activités qui s'y exercent, celle des infirmières, des kinésithérapeutes, par exemple, sont considérées comme de statut inférieur et leur sont généralement soumises[8].

Les sociologues s'accordent sur ces traits distinguant les professions des autres métiers ; en revanche leurs explications diffèrent en ce qui concerne les raisons de leur développement au cours du XIXe siècle. Pour certains auteurs appartenant à l'école structuro-fonctionnaliste, comme William J. Goode ou Talcott Parsons, leur essor est lié à la nouvelle organisation du travail des sociétés industrielles urbaines : la division des tâches et des fonctions qui s'y met en place exige le recours à des services spécialisés

8. E. Freidson, *La Profession médicale*, Paris, Payot, 1984 (traduction de *Profession of Medicine*, New York, Harper and Row, 1970).

hors du cadre familial. L'importance de la médecine découle aussi de la valeur attachée à la santé, à la vie et à la mort. Pour ces auteurs enfin, les progrès du savoir et de la compétence ont naturellement engendré le besoin du recours à la médecine, ils sous-tendent et légitiment le statut professionnel.

En revanche, d'autres auteurs[9], en particulier Eliot Freidson, issus plutôt de « l'école de Chicago » et de « l'interactionnisme symbolique », rejettent l'idée que l'ascension de la profession médicale émerge automatiquement des nouvelles formes de la division du travail et découle d'abord des progrès du savoir. Pour eux, l'accession au statut professionnel, qui se définit essentiellement par la capacité d'autocontrôle, représente toujours une lutte entre des groupes concurrents et constitue un processus de nature politique, où l'État intervient. Obtiennent le statut de professionnel ceux qui, par une mobilisation collective, à travers des moyens multiples, parviennent à persuader celui-ci du caractère irremplaçable de leur compétence et de leurs services[10]. Le savoir joue certes un rôle mais il est difficile de définir précisément à partir de quel moment il est assez important pour légitimer les privilèges du statut professionnel. Sur cette base, il n'est pas toujours facile de distinguer entre des activités auxquelles ce statut est reconnu et les autres. D'ailleurs Parsons lui-même écrit que les frontières en sont « fluides et indistinctes »[11].

3.2 Les raisons d'une ascension

Dans les faits, les travaux historiques montrent que, dans tous les pays occidentaux, cette évolution fut complexe. En France, au début du

9. Voir E. Freidson, *op. cit.*, voir aussi H.S. Becker, « The Nature of a Profession », in N.B. Henry, *Education for the Professions*, Chicago, National Society for the Study of Education, 1962, pp. 24-46 ; T. Johnson, *Professions and Power*, London, MacMillan, 1972.
10. Pour des études de la rhétorique des professions, voir Geneviève Paicheler, *L'Invention de la psychologie moderne*, Paris, L'Harmattan, 1992 et Catherine Paradeise, « Rhétorique professionnelle et expertise », *Sociologie du travail*, 1985, 57-1, pp. 17-32.
11. T. Parsons, « Professions », in *International Encyclopedia of the Social Sciences*, 1968, 12, p. 536.

XIXe siècle, la situation des médecins est encore fragile[12] : la population est pauvre, donc la clientèle susceptible de faire appel à eux est rare ; les honoraires, souvent faibles, sont payés irrégulièrement. De plus leur savoir est loin d'être pleinement reconnu ; ils subissent donc des concurrences multiples : celle des praticiens populaires, les « empiriques » encore nombreux, mais aussi celle des sages-femmes, très présentes auprès de la population féminine, et celle des religieuses pour lesquelles soigner est un devoir de charité. S'y ajoutent les « officiers de santé », rapidement formés durant la Révolution pour soigner les blessés sur les champs de bataille, et que l'on maintiendra pour s'occuper des populations les plus pauvres. Ce n'est donc qu'à la fin du siècle, en 1892, que les médecins obtiendront une loi qui les satisfasse. Elle supprime les officiers de santé, punit sévèrement l'exercice illégal et reconnaît donc aux médecins le monopole des soins médicaux. Elle leur donne aussi le droit de s'assembler en syndicats professionnels. Le statut de profession leur est acquis.

Les causes de cette victoire sont multiples et leur poids est cumulatif. L'industrialisation y a joué un rôle en accroissant le besoin de services spécialisés et elle en a aussi fourni les moyens en améliorant le niveau de vie de la population mais aussi les moyens de transport par exemple. Si les avancées du savoir des médecins au cours du XIXe siècle sont incontestables, les revendications de statut ont toujours tendu à les précéder. La mobilisation des médecins, leur lutte collective est donc aussi déterminante : dans chaque circonstance, ils ont su mettre en valeur, auprès des élites comme des classes populaires, les progrès de leur savoir, l'importance de leurs services et les présenter comme supérieurs à ceux de leurs concurrents qu'ils ont su écarter ou reléguer à une position subordonnée. Enfin, le rôle de l'État est crucial : à la fin du siècle, l'intérêt que celui-ci porte à la santé de la population le rend sensible aux revendications du corps médical. Mais cet intérêt est lui-même accru par la perception que les progrès scientifiques et médicaux peuvent désormais apporter des réponses efficaces.

---

12. Voir surtout J. Léonard, *La Médecine entre les pouvoirs et les savoirs*, Paris, Aubier-Montaigne, 1981.

3.3 Hygiénisme, préoccupations sanitaires et développement de la protection sociale

La préoccupation de l'État pour la santé à la fin du siècle dernier s'appuie sur les travaux d'un courant médical alors en pleine expansion : l'hygiénisme. Le souci des pouvoirs publics face à la maladie et à la santé est cependant plus ancien. Les gouvernements ont toujours été conscients du danger que représentaient les épidémies : les mesures d'isolement prises pour les enrayer sont les amorces d'une politique de santé publique. En dehors même des périodes de catastrophe épidémique, la santé préoccupe le pouvoir royal. À la fin du XVIIIe siècle, la Société royale de médecine entreprend, par l'intermédiaire de ses membres, une vaste enquête portant sur l'état de santé dans les campagnes et tentant d'analyser l'influence de facteurs divers : conditions de vie, climat, disettes, etc. D'autre part, depuis le Moyen Âge au moins, l'Église et l'État prennent, pour la santé des pauvres et des marginaux, des initiatives alliant la charité aux attitudes répressives.

La première chaire « d'hygiène médicale » est créée à Paris en 1795. Pendant la Révolution, on songe d'ailleurs à créer un statut de médecin fonctionnaire en charge de la santé publique. Si ce projet est abandonné, les hygiénistes, pénétrés de l'importance du « rôle social du médecin », s'emploieront durant tout le siècle à démontrer le rôle crucial pour la santé des conditions d'environnement physique et social et à prôner des réformes pouvant les améliorer. La qualité de l'air, de l'eau, le problème des égoûts, des ordures et des excréments font l'objet de nombreuses études mais les hygiénistes s'attachent aussi à étudier les conditions de travail dans les usines, la vie dans les prisons [13] ou les effets de la prostitution [14]. On peut

13. On peut citer en particulier les travaux de Louis-René Villermé, l'un des principaux hygiénistes français, par exemple, *Tableau de l'état physique et moral des ouvriers employés dans les manufactures de coton, de laine et de soie*, Paris, Jules Renouard, 1840 ; et « Mémoire sur la mortalité dans les prisons », *Annales d'hygiène publique et de médecine légale*, 1829, n° 1, pp. 1-100.

14. A. Parent-Duchatelet, *La Prostitution à Paris au XIXe siècle (1832)*, réédition présentée et annotée par A. Corbin, Paris, Seuil, 1981.

considérer que tant par leur usage de la statistique alors débutante, que par l'attention portée aux facteurs sociaux, les travaux des hygiénistes ont influencé les débuts de la sociologie [15].

À la fin du siècle, les vues des hygiénistes convergent avec les objectifs du pouvoir politique concernant les problèmes du travail, le souci de la santé de la nation française et les préoccupations morales propres à la bourgeoisie de la troisième République. Avec le développement industriel, il importe que la main-d'œuvre ouvrière puisse physiquement répondre aux besoins de la production. La santé devient de plus en plus nécessaire au bon fonctionnement des sociétés en voie d'industrialisation. Parallèlement, les notions de solidarité entre les différentes couches de la société et de prise en charge collective, par l'assurance, des différents risques de l'existence (ceux de la maladie, de l'accident, du chômage, de la vieillesse) s'imposent peu à peu. Ensuite, le sentiment patriotique, lié aux guerres contre l'Allemagne, joue un rôle : une nation physiquement forte et moralement saine apparaît comme une garantie de victoire en cas de nouveau conflit. Les pouvoirs publics engagent la lutte contre les fléaux sociaux que sont l'alcoolisme, la syphilis et la tuberculose. De nombreuses lois sont votées concernant aussi bien l'environnement urbain que la qualité de l'environnement ou la santé des enfants [16].

Mais l'alliance des politiques et des hygiénistes est aussi le moteur du développement des premiers dispositifs anticipant ce que nous appelons aujourd'hui la protection sociale ; elle se rattache à une conception de l'État moderne qui est celle de l'État-providence. En différentes étapes, et, non sans de nombreux débats et conflits, des institutions se mettent en place [17]. À la fin du XIXe siècle est promulguée une loi d'assistance médicale gratuite

15. B.P. Lécuyer, « Médecins et observateurs sociaux. Les annales d'hygiène publique et de médecine légale (1820-1850) », in *Pour une histoire de la statistique*, Paris, INSEE, 1977, pp. 445-455.

16. C. Rollet-Echalier, *La Politique à l'égard de la petite enfance sous la IIIe République*, INED/PUF, Travaux et documents, Cahier 127, 1990.

17. Voir H. Hatzfeld, *Du Paupérisme à la sécurité sociale*, Paris (A. Colin, 1971), nouv. éd. Presses universitaires de Nancy, 1989, et François Ewald, *L'État Providence*, Paris, Grasset, 1986.

aux indigents et une autre concernant les accidents du travail. La première loi sur les assurances sociales est votée en 1930 ; la Sécurité sociale est instituée en 1945 et sera progressivement étendue à toute la population française. À travers ces dispositifs, un « droit aux soins » – qui n'est cependant pas un droit à la santé – s'est peu à peu affirmé. Sa prise en charge financière est assumée collectivement par l'assurance.

4. Aujourd'hui : une société médicalisée

Les conséquences de cette double évolution, celle de la médecine et celle de la protection sociale, sont considérables sur la prise en charge de la maladie et la condition des malades d'aujourd'hui. Désormais, dans les pays développés, être un malade c'est être un « soigné » : le diagnostic, les prescriptions du médecin, les examens et les traitements auxquels le patient se soumet, conditionnent sa guérison mais aussi rythment et structurent sa perception et son expérience de la maladie.

La société dans son ensemble est elle-même marquée par cette médicalisation. Celle-ci est d'abord attestée par l'augmentation, depuis un siècle, du nombre des médecins. En France, ils étaient autour de 15 000 à la fin du siècle dernier ; ils étaient 25 000 en 1930 ; 50 000 au cours des années soixante ; 80 000 en 1975 ; ils sont environ 170 000 aujourd'hui [18]. L'exercice de la médecine a également changé de nature avec le développement des spécialités et la multiplication du nombre des spécialistes qui, en France, représentent un peu moins de la moitié des médecins. Parallèlement, en raison de cette croissance d'une offre de soins de plus en plus sophistiqués, le volume des consommations et des dépenses médicales n'a cessé d'augmenter. L'extension de la protection sociale à toute la population française est venue soutenir cette évolution : « la santé » constitue aujourd'hui l'un des principaux secteurs d'activité des pays développés.

18. Voir, sur ce plan, les travaux de J. Bui Dang Ha Doan, *Les Médecins en France, perspectives de démographie professionnelle et d'organisation sanitaire*, Paris, Éditions du centre de sociologie et de démographie médicale, 1984.

De même, l'hôpital public, après avoir été pendant des siècles l'asile des pauvres, est devenu une institution prototypique des sociétés modernes. Ses fonctions sont multiples : il est le lieu privilégié de la recherche médicale et du développement des techniques de pointe mais aussi celui où, le plus souvent aujourd'hui, l'on naît et l'on meurt.

La médicalisation de la société a été intimement liée au développement des lois sur la protection sociale ; la « politique à l'égard de la petite enfance », sous la IIIe République, en est un exemple. Comme l'a montré Catherine Rollet-Echalier[19], l'idée d'une intervention des pouvoirs publics en direction des tout-petits émerge dès le début de cette période. La législation crée des médecins-inspecteurs qui interviennent désormais en direction des enfants en nourrice, c'est-à-dire en milieu rural. Avec l'ère pastorienne et jusqu'à la Première Guerre mondiale, les populations ciblées deviennent les enfants des classes populaires des villes et, « à la visite à domicile succède la consultation de nourissons, associée ou non à la Goutte de lait, espace complexe associant la diffusion de connaissances scientifiques, la distribution de lait et celle de soins médicaux » (p. 588). Les médecins font alors auprès des mères un travail considérable de vulgarisation des premières notions d'hygiène. Ainsi, dans le domaine de la puériculture se rejoignent, comme le souligne l'auteur, les deux préoccupations publiques essentielles de l'époque : l'éducation et la santé.

Au XXe siècle, la notion de médicalisation de la société traduit le fait que le « modèle médical », fortement marqué par le savoir psychologique, s'est imposé dans la définition et la prise en charge de nombreux problèmes publics contemporains. En étudiant divers cas de déviance – l'alcoolisme, l'homosexualité, la maladie mentale, les abus à l'encontre des enfants, l'usage de la drogue –, Peter Conrad et Joseph W. Schneider[20] montrent comment la désignation de ces pratiques est passée, sur la longue durée, de la condamnation religieuse ou criminelle au registre médical. L'acte

19. *Op. cit.*
20. P. Conrad and J.W. Schneider, *Deviance and Medicalization. From Badness to Sickness*, Columbus, Merrill Publishing Company, 1985 (première parution en 1980 aux éditions The C.V. Mosby Company).

condamnable *(badness)* est devenu maladie *(sickness)*. La médicalisation est également intervenue à l'école. Patrice Pinell et Markos Zafiropoulos[21] ont étudié comment l'échec scolaire avait été pris en charge par la pédo-psychiatrie dominante après la Seconde Guerre mondiale. Intervient ensuite la psychanalyse infantile. Sur le plan pratique, les individus concernés peuvent être orientés vers différents types d'experts[22] qui les prennent désormais en charge. Tout récemment, on a également pris conscience des effets sociaux potentiels des développements les plus techniques de la médecine : la procréation médicalement assistée intervient sur des rapports sociaux aussi importants que la filiation.

Le savoir médical a ainsi pris valeur normative par rapport à des secteurs de plus en plus nombreux de la vie individuelle et collective, qui vont être définis et évalués en termes de santé. Les professionnels, « pris collectivement », écrit le sociologue américain Everett Hughes, « prétendent dire à la société ce qui est bon pour l'individu et pour la société dans son ensemble pour certains aspects de la vie. En fait, ils fixent les termes dans lesquels on peut penser à cet aspect de la vie.[23] » Du point de vue des relations des médecins avec les malades individuels, que nous traiterons en détail dans un prochain chapitre, cette situation a pour conséquence que le médecin est en mesure de définir les besoins du malade auxquels il est possible et légitime de répondre. La différence dans les savoirs et les compétences spécialisées peut alors se transformer en distance sociale et en pouvoir sur les personnes.

Les raisons d'une crise

Au cours des dernières décennies, ces évolutions ont entraîné des difficultés qui remettent en question les modalités actuelles d'exercice de la médecine et ébranlent parfois sa légitimité. Son succès même commence à poser

21. P. Pinell et M. Zafiropoulos, *Un Siècle d'échecs scolaires*, Paris, Éditions ouvrières, 1983.
22. Voir par exemple le livre d'A. Chauvenet, *La Protection de l'enfance. Une pratique ambiguë*, Paris, L'Harmattan, Collection logiques sociales, 1992.
23. E.C. Hughes, *Men and their Work*, Greenwood Press, 1981 (Free Press, 1958).

problème. La croissance des coûts de la santé qui, dans de nombreux pays comme la France, est plus importante que celle de la richesse nationale, constitue la question la plus souvent débattue, faisant peser une menace sur l'avenir de l'État-providence. La solidarité nationale pourra-t-elle continuer à s'exercer face à des soins de santé de plus en plus coûteux ? Pourrons-nous maintenir une équité ? S'ajoute à ce problème le fait que, face aux maladies actuellement dominantes comme les maladies chroniques ou le sida, la médecine ne se montre pas aussi efficace qu'elle le fut pour les maladies infectieuses.

La situation actuelle présente également maintes difficultés pour le praticien individuel, confronté à un système de santé de plus en plus complexe, de par la diversité des spécialités et le nombre croissant des intervenants. Cette diversification est source de clivages et de concurrences nouvelles mais, de plus, le médecin, le généraliste surtout, a souvent le sentiment d'avoir perdu la maîtrise de son champ de pratique. Le sociologue américain Anselm Strauss a pu montrer qu'à l'hôpital, face à des pathologies graves nécessitant des interventions multiples et complexes, la coordination entre toutes les personnes qui s'occupent d'un malade peut être considérée comme un véritable travail qu'il nomme le « travail d'articulation »[24]. Le malade, de son côté, a de plus en plus souvent le sentiment d'un système fragmenté, peu « lisible » et dont la cohérence lui échappe. Son insatisfaction semble avoir crû, ou du moins elle s'exprime plus ouvertement au cours des dernières décennies alors que, paradoxalement, il n'a jamais été l'objet d'autant de soins.

24. A. Strauss et al., *The Social Organization of Medical Work*, Chicago, University of Chicago Press, 1985.

3

LES ÉTATS DE SANTÉ ET LEURS DÉTERMINANTS SOCIAUX

Comment peut-on analyser l'état de santé de la population française qui découle des évolutions précédemment décrites (chapitres 1 et 2) ? Alors que pendant des siècles on est mort d'abord des suites des famines et des épidémies, aujourd'hui, les principales causes de mort en France sont les maladies de l'appareil circulatoire suivies par les cancers et les traumatismes dûs principalement à des accidents[1]. Surtout nous avons gagné plus d'une douzaine d'années d'espérance de vie depuis 1945. On a donc pu écrire que nous sommes désormais à « la belle époque de la santé »[2]. Elle est d'ailleurs devenue aujourd'hui une valeur centrale dans les sociétés industrialisées avancées. Cette préoccupation est d'autant plus vive que santé et bonheur sont le plus souvent associés. Au niveau mondial, l'OMS a également fait preuve d'optimisme en lançant, il y a deux décennies déjà, le slogan de « la santé pour tous en l'an 2000 ». Cependant, en dépit de ces attentes et d'une hausse considérable de la consommation médicale, qui a atteint en France 647 milliards de francs en 1993[3], les inégalités dans

1. Voir Commissariat général du plan, *Santé 2010 : Santé, maladies et technologies*, La Documentation française, 1993 et J. Vallin, « Évolution de la mortalité depuis 1920 », *La Société française, données sociales*, 1993, pp. 238-250.
2. Desplanques G., Vallin J., Biraben J.-N., in Dupâquier J., *Histoire de la population française*, tome IV, PUF, Paris, 1988, pp. 233-286.
3. Comptes Nationaux de la Santé, 1993. En 1992, cette consommation représente 12,2 % de la consommation des ménages entendue au sens large. Entre 1970 et 1991, sa valeur a plus que décuplé en francs courants, pour atteindre plus de 8 % du PIB. Cette progression et ce ratio sont parmi les plus élevés d'Europe. Pour toutes ces analyses, cf. Deramon Jean, « Deux décennies d'expansion des dépenses de santé », *Économie et statistiques*, n° 265, 1993 - 5.

le domaine de la santé n'ont pas disparu. Les différences entre les sexes et les classes sociales se sont même plutôt accentuées.

L'intuition d'une influence des facteurs sociaux sur la santé est ancienne. Dès le XIXe siècle, des hygiénistes ont montré les écarts de mortalité entre les groupes sociaux et se sont préoccupés de rechercher des explications en termes de causalité sociale. L'un des exemples les plus célèbres est celui du docteur Villermé montrant la différence de mortalité du choléra entre les quartiers riches et les quartiers pauvres de Paris en 1832. Cependant, l'attention portée aux conditions d'existence et aux pratiques sociales (pauvreté, eau polluée, risques professionnels...) s'est estompée à partir des découvertes pastoriennes. La théorie de « l'étiologie spécifique », selon laquelle chaque maladie est due à un microbe, détournait de l'intérêt porté aux causes sociales. En France, pour les périodes récentes, les travaux de Guy Desplanques[4] ont mis en lumière les importantes disparités d'espérance de vie qui subsistent malgré les progrès accomplis. À partir des années 1970, des travaux ont également porté sur les aspects psychosociaux pouvant influencer l'état de santé. Ainsi s'est progressivement développée une épidémiologie sociale[5] de la maladie.

1. Variabilité des états de santé

Si nous nous proposons de réfléchir sur la part du social dans la détermination des états de santé, notre propos n'est pas de substituer une explication purement sociale à une explication biologique. Il existe une imbrication entre les phénomènes biologiques et sociaux et il est le plus souvent néces-

4. G. Desplanques, « La mortalité des adultes selon le milieu social : 1955-1971 », *Collections de l'INSEE*, D 44, 1976.

5. Selon Marcel Goldberg, « L'épidémiologie est la science qui étudie la fréquence et la répartition des maladies dans le temps et dans l'espace, le rôle des facteurs qui déterminent cette fréquence et cette répartition, et cela au sein des populations humaines » (*L'Épidémiologie sans peine*, Collection Prescrire, Éd. médicales R. Bettex, 1985, p. 15). Pour sa part, l'épidémiologie sociale s'intéresse aux facteurs sociaux.

saire de penser en termes de « causalité en chaîne » pour expliquer les états de santé. Leur variation selon le sexe est, à ce titre, intéressante à analyser.

Les fortes différences de mortalité observables entre les sexes paraissent renforcer la thèse du poids du biologique. En effet, dans tous les pays industrialisés contemporains, les hommes ont des taux de mortalité plus élevés et une espérance de vie plus courte que les femmes. Cette différence est particulièrement accentuée en France où l'espérance de vie à la naissance est en 1993 de 73,3 ans pour les hommes et de 81,5 pour les femmes[6]. On a voulu expliquer ces différences par une constitution physique plus ou moins résistante selon les sexes : la mortalité infantile est en effet beaucoup plus grande chez les enfants mâles. On sait aussi que les facteurs génétiques favorisent la femme dans le domaine des maladies infectieuses ou de certaines maladies cardiaques.

Cependant, ces différences ne peuvent s'expliquer par le seul poids du biologique. Ainsi, pendant des siècles, les « avantages » biologiques des femmes ont été sans influence du fait de l'infériorité de leur condition sociale. Elles étaient exposées aux risques spécifiques de l'accouchement et à l'épuisement entraîné par des grossesses nombreuses. En outre, elles étaient systématiquement moins bien traitées que les hommes en matière d'alimentation, d'hygiène, de soins... Aujourd'hui encore, l'écart des taux de mortalité entre les sexes est moindre dans certains pays où naître fille est toujours une malédiction. Au Pakistan et en Inde, il est nul. Au Bangladesh, au Népal et au Bhoutan, il y a surmortalité féminine. Dans les pays développés où au contraire, l'espérance de vie des hommes est moindre que celle des femmes, ce sont encore des facteurs sociaux qui l'expliquent, en particulier le plus grand risque de morts violentes par accidents de la route ou du travail et la fréquence de l'alcoolisme et de la consommation de tabac[7]. On peut donc, comme Ingrid Waldron[8], souligner l'interaction

6. *Population et sociétés*, n° 288, mars 1994, p. 3.
7. J.-C. Chesnais, *La Population du monde de l'Antiquité à 2050*, Paris, Éd. Bordas, 1991, p. 35.
8. I. Waldron « Sex Differences in Human Mortality : The Role of Genetic Factors », *Social Science and Medicine*, 1983, vol. XVII, n° 6, pp. 321-333.

complexe entre les facteurs génétiques et les facteurs environnementaux ou sociaux dans la détermination des différences de mortalité entre les sexes.

La différenciation sociale apparaît de manière éclatante si l'on examine la variation de la mortalité selon les catégories socioprofessionnelles.

L'évolution en France est significative. Des années soixante aux années quatre-vingt, la mortalité a fortement régressé[9] : ainsi, la probabilité de décéder entre 45 et 50 ans, passée de 2,2 % pour les hommes à 1,7 %, est en baisse d'environ 20 % (les progrès sont encore plus marqués pour les femmes). Cependant, si toutes les catégories ont bénéficié de ces progrès, elles l'ont fait à des degrés divers et les disparités observables sont plus importantes actuellement qu'il y a vingt ans. Au cours des années quatre-vingt, parmi les hommes actifs, les moins exposés sont les professeurs, les professions littéraires ou scientifiques, ainsi que les ingénieurs : entre 35 et 75 ans, leur mortalité est deux fois plus faible que celle de l'ensemble. À l'opposé, la mortalité des manœuvres est supérieure de moitié à celle de l'ensemble. La variation de la « morbidité », c'est-à-dire celle des maladies atteignant la population, est plus complexe à analyser mais elle est également sensible selon les groupes sociaux. De nombreuses études anglaises montrent d'ailleurs que la variable « classe sociale » influe sur une multitude de caractéristiques de l'état de santé : non seulement sur la mortalité et la morbidité mais sur la taille et le poids, l'état de la dentition ou de la vision ou encore sur la fertilité[10] et les absences au travail.

Cependant la question de la variabilité des états de santé ne peut se résumer à un problème d'inégalité entre catégories socioprofessionnelles. Tous les éléments définissant la position sociale d'un individu dans la société – son sexe, son origine géographique, son lieu de résidence, son statut familial enfin – peuvent intervenir. Les études disponibles concernant cette dernière variable montrent l'importance de son influence sur les taux

9. G. Desplanques, « L'Inégalité sociale devant la mort », *Données sociales*, 1993.

10. Sur ce point voir : Sally MacIntyre, « The Patterning of Health by Social Position in Contemporary Britain : Directions for Sociological Research », *Social Science and Medicine*, 1986, vol. XXIII, n° 4, p. 395.

de mortalité et de morbidité. Les individus mariés ont des taux de mortalité beaucoup plus bas que les célibataires [11], cette différence étant cependant moins importante pour les femmes que pour les hommes. On a parlé de « l'effet protecteur » du mariage pour les hommes. Pour mettre l'accent sur le fait que c'est l'ensemble même des indicateurs définissant la position sociale qui agissent sur l'état de santé, Sally MacIntyre propose de rompre avec la notion traditionnelle d'inégalité sociale en matière de santé et d'utiliser plutôt le terme de « modelage de la santé par la position sociale ».

2. Les explications des différences d'états de santé

Toutefois, le constat des variations d'états de santé selon la position sociale ne suffit pas à en élucider les causes. Parmi les explications avancées, l'une des plus classiques postule l'existence d'un processus de sélection sociale conduisant vers les catégories sociales supérieures les individus en meilleure santé.

2.1 La sélection sociale

Un démographe comme Jacques Vallin [12] décrit le processus de la sélection sociale de la façon suivante : « L'accession à telle ou telle catégorie socioprofessionnelle dépend, entre autres choses, de la santé. Pour obtenir les meilleures places dans la société, il faut faire preuve de qualités dont la mise en valeur est grandement facilitée aux individus les plus sains de corps et d'esprit. Ainsi, dès le départ, (...) les couches les plus élevées ont-elles toutes chances d'être constituées d'individus ayant en moyenne une meilleure santé que les autres ». De plus, un autre facteur, lié à la rigidité sociale, s'y ajoute : « Un fils d'ouvrier a beaucoup moins de

11. Dans son ouvrage *Le Suicide : étude de sociologie*, paru en 1897, É. Durkheim avait déjà analysé l'effet de l'état civil sur la mortalité par suicide.
12. *Cf.* son article : « De nombreux facteurs d'inégalité devant la mort », in *Santé et médecine*, sous la dir. de C. Brisset et J. Stoufflet, La Découverte/INSERM/Orstom, p. 8-23.

chances de devenir cadre supérieur qu'un fils de cadre supérieur. Or il subit, dans son enfance, des conditions de vie qui (...) sont moins favorables à sa santé. De ce seul fait, à l'âge où se fixe l'appartenance sociale, son état de santé risque d'être, en moyenne, moins bon. » (p. 21)

Une étude anglaise menée par Michael Wadsworth[13] à partir d'une cohorte d'individus nés en 1946 et suivis pendant plusieurs décennies montre l'existence de relations entre la position obtenue à l'âge adulte par les individus et leur état de santé durant l'enfance. En particulier, les hommes qui ont été sérieusement malades étant enfant font, beaucoup plus souvent que les autres, l'expérience d'une trajectoire sociale descendante par rapport à leur milieu d'origine. Cependant, bien que les effets de la sélection sociale soient globalement admis, il s'avère difficile d'en démontrer l'existence et de l'analyser finement tant le processus est complexe.

2.2 La causalité sociale

Parallèlement à l'explication par la sélection sociale, des recherches se sont centrées sur les mécanismes possibles de la causalité sociale concernant les états de santé. Cette démarche pose des questions très complexes. La notion de causalité est difficile à appréhender directement. Les épidémiologistes raisonnent généralement en termes de « facteurs de risques ». Ils ont pu ainsi mettre en évidence des liaisons statistiques entre une caractéristique de l'individu ou son exposition à une condition environnementale et la survenue d'une maladie. Au niveau collectif, on parlera plutôt de « déterminants » de la santé en se référant alors à des notions très complexes comme celle de classe sociale ou même de catégorie socioprofessionnelle dont la définition n'est pas unidimensionnelle. L'appartenance à une catégorie socioprofessionnelle se définit par la position d'un individu sur le marché du travail mais celle-ci s'accompagne d'un revenu, d'un

13. M.E.J. Wadsworth, « Serious Illness in Children and its Association with Later Life Achievement », in *Generating Inequalities : Health and Social Mobility* (Edited by Wilkinson R.), Tavistock, London, 1986.

niveau d'éducation, de comportements et de caractéristiques culturelles différentes. L'analyse est donc toujours confrontée à la même question : qu'est-ce qui est véritablement opérant dans la liaison, incontestable en elle-même, entre position sociale et état de santé ? Nous allons voir que les réponses ne sont ni simples ni assurées. À nouveau, seule la notion de causalité « en chaîne » ou « en réseau » – un élément d'une situation en entraînant un autre éventuellement de nature différente – permet d'avancer dans la compréhension.

L'exemple des études consacrées à l'influence du chômage sur l'état de santé est particulièrement révélateur de ces difficultés. Comme l'expliquent Martine Bungener et Janine Pierret[14], l'existence d'effets du chômage en termes de symptômes et de maladie déclarée a été plus souvent postulée que vérifiée, d'autant plus que ceux-ci sont ambivalents. Il faut prendre en compte toute une série de phénomènes divers liés à la situation de non-travail. Le chômage peut avoir des effets bénéfiques sur la santé car il met les individus à l'écart des risques professionnels et de l'usure au travail. Les accidents du travail sont nombreux chez les manœuvres et les travailleurs du bâtiment, la silicose a menacé les mineurs. Toutefois le risque professionnel renvoie également à des facteurs plus diffus : il faut ainsi prendre en compte le rythme de travail (durée de travail hebdomadaire, travail à la chaîne ou posté, etc.) et sa pénibilité (liée à la pollution, au caractère physique de certaines tâches, etc.). Si le chômeur est ainsi mis à l'écart de cet ensemble de risques, le chômage peut avoir, en revanche, un effet pathogène dans la mesure où il suscite une angoisse liée notamment à la perte de statut social et parce qu'il peut conduire à une précarisation matérielle. Cependant, l'analyse menée par M. Bungener et J. Pierret montre que si les chômeurs sont plus nombreux à déclarer être en bonne santé et à ne s'attribuer aucun symptôme, une portion non négligeable d'entre eux présente cependant une « poly-pathologie » plus importante

14. M. Bungener et J. Pierret, « De l'influence du chômage sur l'état de santé », in : MIRE/INSEE (éds.), *Trajectoires sociales, inégalités et conditions de vie*, Éditions Érès, à paraître fin 1994.

que celle des actifs. Par ailleurs, la « déprime » des chômeurs se diffuse dans leur entourage familial.

La position sociale des individus peut, d'autre part, engendrer des comportements qui ont une influence directe sur la santé. Tel est le cas du tabagisme et de l'alcoolisme qui, étant plus fréquents dans certains groupes sociaux, conduisent à des problèmes de santé inégalement répartis. Guy Desplanques[15] note que les ouvriers sont particulièrement exposés à des tumeurs liées à ces consommations. Au cours des années quatre-vingt, pour les hommes de 45 à 54 ans, le taux de mortalité par tumeur du larynx ou du pharynx varie dans un rapport de 1 à 11 entre les professeurs et l'ensemble des ouvriers spécialisés et des manœuvres. De même, les risques de décès sont très inégalement partagés en ce qui concerne les tumeurs de l'œsophage, les maladies de l'appareil digestif (dont la cirrhose du foie), celles de l'appareil respiratoire et du système nerveux (dont la démence alcoolique). L'auteur note que, pour toutes ces affections, on peut considérer que l'alcool et le tabac sont directement en cause dans la mesure où leur consommation est très variable selon les groupes sociaux. Si les agriculteurs sont de grands consommateurs d'alcool mais rarement de grands fumeurs, les ouvriers cumulent les facteurs de risque puisqu'ils sont à la fois gros consommateurs d'alcool et de tabac. Au contraire, les cadres et les professions intermédiaires ont une consommation de tabac et d'alcool modérée.

On s'est également demandé si la variabilité des types de recours aux soins et de consommations médicales pouvait expliquer ou révéler des différences d'états de santé entre les groupes sociaux. En termes quantitatifs, les disparités de recours aux soins entre les différents groupes sociaux sont aujourd'hui limitées[16]. Pour une moyenne qui est de 6,5 recours au médecin par individu et par an, la différence de consommation entre les groupes extrêmes est d'un peu plus de 20 % et elle dépasse à peine 10 %

15. G. Desplanques, « L'inégalité sociale devant la mort », INSEE, *Données sociales*, 1993, pp. 253-55.
16. Pour tous ces chiffres voir Pierre Mormiche, « Les disparités de recours aux soins », *Économie et statistique*, 1993, n° 265, 5, p. 45.

parmi les seuls salariés. « Les plus consommateurs, écrit Pierre Mormiche, sont les “cols blancs” (employés, professions intermédiaires et cadres), suivis des ménages paysans et ouvriers, et enfin des commerçants et artisans, les moins consommateurs. Ainsi la hiérarchie sociale n’est pas tout à fait respectée, non seulement en raison de la position des indépendants non agricoles, généralement plus proches des employés ou des professions intermédiaires, mais aussi parce que la consommation des cadres est à peine plus forte que la moyenne, et nettement inférieure à celle des autres “cols blancs”. »

Cependant, si les écarts quantitatifs entre les groupes sociaux sont limités, les différences qualitatives sont très importantes. Le recours aux soins des classes populaires est de type curatif : les motifs amenant à consulter sont souvent plus graves et l’hospitalisation est plus fréquente. Au contraire, les classes supérieures consultent plus souvent à titre préventif. Ainsi, alors que la fréquence totale des recours au médecin présente peu de disparité entre les groupes sociaux, le recours aux soins à titre préventif est fortement discriminant : les disparités reflètent la hiérarchie sociale et sont plus accusées (de – 18 % à + 27 % autour de la moyenne)[17]. En outre, les patients des classes supérieures vont plus fréquemment consulter d’emblée un spécialiste : ainsi « la part des séances de spécialistes varie d’un peu plus de 25 % de l’ensemble des séances (de consultations médicales) chez les paysans et ouvriers à plus de 45 % pour les cadres ». Les classes sociales les plus favorisées disposent de ressources cognitives et culturelles leur permettant de se repérer plus facilement dans le système de soins : « Pour s’adresser directement au spécialiste, consulter un médecin à titre préventif, acheter des médicaments sans ordonnance, il faut comprendre le système de soins : rien d’étonnant que ces pratiques soient plus répandues chez les cadres supérieurs, plus attentifs aussi à l’hygiène de vie – qu’il s’agisse du sport ou de régimes amaigrissants.[18] »

17. P. Mormiche, *art. cit.*, p. 50.

18. G. Herzlich, « Consommation médicale et catégories sociales : des disparités subsistent mais les écarts se réduisent », in C. Brisset et J. Stoufflet, *op. cit.*, p. 67.

Les analyses précédentes montrent comment certaines pathologies spécifiques peuvent effectivement être engendrées par l'exposition de l'individu à certains facteurs de risques. Cependant le problème demeure de trouver une explication globale des différences d'état de santé. Pour Jacques Vallin[19], les facteurs de causalité directe peuvent se cumuler. Avec un état de santé déficient au départ, la survenue d'une maladie risque d'être plus grave ; avec une exposition à des facteurs de risque plus importants, elle sera plus fréquente. Mais ces conditions initiales défavorables vont encore être renforcées par le fait que les individus appartenant aux classes sociales les plus défavorisées, donc ceux qui auraient le plus besoin de recourir aux soins, sont ceux dont la propension à se soigner est la plus faible. Jacques Vallin tente donc de résoudre le problème par l'addition d'une série de déterminants en chaîne, idée que nous avions précédemment avancée.

Une autre étude menée auprès d'un important échantillon de plusieurs milliers de fonctionnaires britanniques, connue comme « l'étude de Whitehall[20] », propose une explication différente fondée sur l'idée d'un « effet global » de la hiérarchie sociale. L'étude a montré que, sur une période de dix ans, les hommes âgés de 40 à 64 ans mouraient en trois fois plus grand nombre parmi les employés subalternes que parmi les personnels de rangs plus élevés. La croissance des taux de mortalité suit exactement la hiérarchie descendante des postes. Ce résultat est d'autant plus frappant qu'il ne s'agit pas dans ce cas d'une population pauvre ou exposée à des risques environnementaux importants mais au contraire d'une population composée de membres de classes moyennes et supérieures qui disposent tous de la même sécurité d'emploi liée à la fonction publique. Par ailleurs, cette étude a pu isoler la part spécifique des différents facteurs de risque inter-

19. Jacques Vallin, « De nombreux facteurs d'inégalité devant la mort », in *Santé et médecine*, sous la dir. de C. Brisset et J. Stoufflet, *op. cit.*, p. 18-23.
20. Marmot M.G., « Social Inequalities in Mortality : the Social Environment », dans Wilkinson R.G. Ed., *Class and Health*, Londres, Tavistock publications, 1986, p. 21-33. / Marmot M.G. et Theorell T., « Class and Cardiovascular Disease : the Contribution of Work », *International Journal of Health Services*, vol. XVIII, 1988, p. 659-674. (NB : Whitehall est à Londres le quartier des ministères).

venant dans la mortalité liée aux maladies cardio-vasculaires des individus. Ainsi, le taux de mortalité imputable à l'un ou l'autre des facteurs de risque connus (tabagisme, cholestérol, tension artérielle et autres) ne peut en aucun cas expliquer la totalité du phénomène.

En d'autres termes, comme l'explique Marc Renaud en résumant cette étude « si l'on arrivait à corriger ces facteurs de risque, et notamment ceux liés aux "mauvaises habitudes", il se produirait certes une réduction importante de la mortalité, mais le gradient de santé (NB : la différence selon la hiérarchie des postes) entre les individus persisterait ». Cette étude conclut « qu'il existe un processus étiologique non spécifique, corrélé avec la position de l'individu dans la hiérarchie et qui peut s'exprimer à travers un ensemble de maladies. (...) Il semble donc y avoir "quelque chose" qui est associé à la position dans la hiérarchie, qui prédispose à la maladie et à la mort prématurée.[21] »

3. Les modèles psychologiques et sociaux

À partir des années 1970, l'étude des liens complexes et diffus entre les caractéristiques sociales de l'individu et son état de santé va tenter de se renouveler. Un nouveau courant de recherches apparaît progressivement qui, écrit Marc Renaud[22], « délaisse l'épidémiologie descriptive un peu grossière, pour tenter de comprendre avec plus de précision les chemins par lesquels le social interagit avec le biologique pour créer la maladie. »

Les premiers travaux rattachés à ce courant ne sont cependant pas sociologiques mais psychosociologiques. À partir d'études menées sur les maladies chroniques – notamment coronariennes –, les cancers mais aussi sur les pathologies mentales, ils accordent peu d'importance à des facteurs comme la catégorie socioprofessionnelle et font intervenir des types de variables individuelles. Le « stress » et les « événements de vie » stressants,

21. M. Renaud, « Expliquer l'inexpliqué : l'environnement social comme facteur clé de la santé », *Interface*, mars-avril 1994, p. 19.
22. *Ibid.*, p. 15.

le type de personnalité, la « capacité à faire face » ou encore le « support social », sont autant de concepts qui tentent d'expliquer les mécanismes par lesquels le psychosocial et le social peuvent influer sur le biologique[23].

3.1 Les travaux sur le stress et les événements de vie stressants

Les travaux autour de la notion de « stress », et notamment ceux de Hans Selye[24], marquent une première étape dans ce type de démarche. Le terme anglais de *stress* désigne les réactions en chaîne de l'organisme à des pressions excessives menaçant son équilibre. Le stress engendre une fragilisation face à des agressions ultérieures. Sur le plan physiologique, les réactions de stress se situent au niveau des mécanismes neuro-endocriniens mais des facteurs psychosociaux peuvent intervenir dans leur genèse.

On a d'abord tenté de tester l'idée selon laquelle la détérioration des états de santé résulte d'une accumulation « d'événements sources de stress ». À partir de réponses à des échelles de mesure, fondée sur des questionnaires[25], les recherches ont voulu évaluer l'impact sur la santé d'événements comme la perte d'emploi, les décès de proches, la naissance d'un enfant, etc. Les résultats ont montré l'existence d'une liaison mais celle-ci est assez faible. En outre, l'application de ce modèle pose des problèmes méthodologiques : des personnes malades auront tendance à reconstruire *a posteriori* un lien de causalité entre un événement de leur vie et leur état de santé. Par ailleurs, on constate que des individus exposés

23. Pour une présentation détaillée de ce courant de recherche, on se reportera à l'ouvrage de D. Le Disert, *La Maladie : la part du social*, Préface de Cl. Herzlich, CNRS/ Éditions du CDSH, 1985. Par ailleurs, l'article de M. Renaud (« De l'épidémiologie sociale à la sociologie de la prévention : 15 ans de recherche sur l'étiologie sociale de la maladie », *Revue d'épidémiologie et de santé publique*, 1987, vol. XV, n° 1) offre un panorama de ce domaine. Voir aussi M. Bruchon-Schweitzer et R. Dantzer, *Introduction à la psychologie de la santé*, Paris, PUF, 1994.
24. H. Selye, *The Stress of Life*, Mac Graw-hill, New York, 1956.
25. T.H. Holmes and R.H. Rahe, « The Social Readjustement Rating Scale », *Journal of Psychosomatic Research*, 1967, vol. XI, p. 213-218.

à un grand nombre d'événements déclarés comme « source de stress » restent en bonne santé, tandis que d'autres tombent malades alors qu'ils ne l'ont pas été. Face à un tel constat, s'est posée la question suivante : pourquoi à conditions stressantes égales certains individus développent-ils des pathologies et d'autres non ? On a alors recherché d'autres types de variables démultipliant ou réduisant l'impact du stress. C'est ainsi que la personnalité de l'individu a été prise en compte.

3.2 Les types de personnalité

Les recherches dans ce domaine ont reçu leur impulsion des observations de deux cardiologues américains, intrigués par la personnalité de leurs clients : majoritairement des hommes agressifs et compétitifs qui s'investissaient totalement dans leur travail et n'étaient jamais satisfaits des résultats obtenus. On les désigna par le terme de « personnalité de type A ». À l'opposé, le « type B », moins prédisposé aux maladies cardiaques, est plus décontracté et moins compétitif. L'étude fondée sur cette intuition[26], semblait montrer que les personnes de type A avaient deux fois plus de risques de développer une maladie cardiaque que celles de type B. Plus récemment, d'autres résultats font douter que la liaison soit définitivement établie.

3.3 La capacité à faire face

Un autre type de conceptualisation s'articule autour de la notion de capacité à faire face, au stress notamment. Elle s'appuie sur la notion de *locus of control* (lieu de contrôle) avancée par le psychosociologue Jerome B. Rotter en 1966[27]. Lorsqu'une personne a le sentiment d'avoir un certain contrôle sur son destin et d'être le plus souvent à l'origine de ce qui lui

26. M. Friedman, R.H. Rosenman, *Type A Behavior and Your Heart*, New York, Knopf, 1974.

27. J.-B. Rotter, « Generalized Expectancies for Internal Versus External Control of Reinforcement », *Psychological Monographs*, 1966, p. 80.

arrive, on considère que son « lieu de contrôle » est « interne ». Au contraire, si elle a l'impression que sa destinée est soumise au hasard ou à des forces incontrôlables, son lieu de contrôle est « externe ». Différentes recherches tendent à montrer que les personnes à lieu de contrôle interne éprouvent moins d'anxiété, souffrent moins d'hypertension et développent moins de maladies cardiaques. Elles semblent ainsi faire plus facilement face aux agents stressants.

Dans une perspective voisine, se sont développées des recherches autour de la « capacité à faire face » des individus *(coping behaviors)*. Cette notion renvoie aux efforts individuels déployés pour contrôler les situations sources de stress et réduire les émotions négatives consécutives à ces situations. Alors que la plupart des recherches précédentes s'intéressaient à la genèse des maladies, Aron Antonovsky[28] a élaboré un modèle de « salutogenèse » s'intéressant aux facteurs qui permettent aux individus de rester en bonne santé. Il montre que les individus qui résistent le mieux sont ceux qui disposent d'un « sens de la cohérence élevé », celui-ci étant défini comme une orientation générale permettant à l'individu de percevoir son environnement comme compréhensible, contrôlable.

Le sociologue peut être tenté de taxer de réductionnisme les notions psychologiques centrées sur le seul individu. Néanmoins ces recherches posent un problème important : la maladie est-elle seulement liée à des agents agressifs environnementaux, à des bactéries, des virus, à des désordres biochimiques ou résulte-t-elle aussi de la manière dont on fait face à la vie et à ses difficultés ? Il est en effet possible de reformuler ces différentes notions dans une perspective plus sociologique. Ainsi on peut considérer que la « capacité à faire face » ou le « lieu de contrôle » d'un individu ne sont pas seulement des traits de personnalité individuels. Ils sont liés à une somme d'expériences dans laquelle le social a sa part puisqu'ils expriment un degré d'autonomie lié à la position sociale de l'individu. Ils dépendent aussi de son insertion dans un entourage social

---

28. A. Antonovsky, *Health, Stress and Coping*, Jossey Bass Publishers, San Francisco, 1979.

lui permettant de mobiliser des ressources diverses plus ou moins importantes.

3.4 Le soutien social

L'analyse de l'influence du soutien social sur la santé des individus, ouvre justement sur des perspectives plus sociologiques. Le constat selon lequel les personnes célibataires, veuves ou divorcées ont davantage de problèmes de santé que les individus mariés a été effectué il y a déjà un siècle, mais des recherches empiriques ne se sont développées qu'à partir des années 1970[29]. La question a d'abord été appréhendée à travers l'analyse des « réseaux sociaux » dans lesquels une personne est insérée puis l'attention s'est progressivement focalisée sur la notion de « soutien social » qui résulte de l'intégration de l'individu dans différents réseaux. Ceux-ci lui fournissent parfois un appui matériel mais aussi cognitif, normatif, affectif. C'est le soutien émotionnel qui a été le plus clairement associé à la santé.

La mesure de ce soutien social (sa source, ses types, sa qualité) est complexe. Néanmoins, diverses études portant sur des échantillons de population extrêmement importants et sur des cohortes d'individus suivis pendant de longues années montrent que le soutien social exerce un impact sur différents aspects de l'état de santé. Ainsi, l'étude d'Alameda County[30] en Californie concernant des personnes atteintes de maladies cardio-vasculaires a mesuré la fréquence de cinq sources de soutien (le mariage, la famille, les amis, la pratique d'une religion et l'appartenance à d'autres groupes) et a montré qu'à condition physique identique, les gens qui bénéficiaient de soutiens sociaux avaient deux fois moins de risques de mourir au cours des années qui suivaient un accident cardiaque. La majorité des

29. Sur ce thème, cf. L.F. Berkman, « Assessing the Physical Effects of Social Networks and Social Support », *Annual Review of Public Health*, 1984, vol. V, pp. 413-432.
30. L.F. Berkman, L.S. Syme, « Social Networks, Host Resistance and Mortality : a Nine-Year Follow-Up Study of Alameda County Residents », *American Journal of Epidemiology*, 1979, 109, pp. 186-204.

auteurs travaillant dans ce domaine considèrent que le soutien social agirait comme un « tampon » face à des situations stressantes. Ici encore, le mécanisme précis par lequel le soutien social agit sur la santé est encore peu décrit mais du fait de l'ampleur de ces études le résultat lui-même est attesté.

4. Quelles politiques de santé ?

Au-delà de leur intérêt propre, l'ensemble des résultats et des modèles explicatifs précédents amène à se poser des questions importantes concernant les différentes orientations possibles dans la détermination des politiques de santé.

L'examen de ces résultats peut d'abord faire penser que seules des transformations sociales globales pourraient réduire les inégalités en matière de santé. J. Vallin[31] écrit : « L'inégalité sociale devant la mort fait (...) corps avec l'inégalité sociale tout court ». Et il ajoute : « Si des contrepoids peuvent en adoucir la violence, il est peu probable qu'elle puisse disparaître sans un profond réaménagement de la structure sociale elle-même. » Toutefois, cette ambition dépasse le problème des seules politiques de santé.

Au cours des dernières décennies, celles-ci se sont orientées dans deux directions. L'investissement dans des technologies médicales de plus en plus complexes a été croissant. Le poids des médecins et l'importance des progrès de la médecine ont été déterminants pour cette évolution. Pourtant des travaux[32] analysant l'effet de nouvelles techniques de soins sur les principales causes de mortalité montrent que leur impact est globalement assez faible.

L'idée s'est également imposée selon laquelle le comportement des

31. J. Vallin, « De nombreux facteurs d'inégalité devant la mort », in *Santé et médecine, op. cit.*, p. 18-23.
32. J. McKinlay, S. McKinlay, R. Beaglehole, « A Review of Evidence Concerning the Impact of Medical Measures on Recent Mortality in the United States », *International Journal of Health Services*, vol. XIX, n° 2, 1989.

individus était à l'origine de nombreux états morbides. Dès lors, la politique de santé s'est orientée vers la diffusion d'informations devant convaincre les individus de modifier leurs comportements en matière d'alimentation, de consommation d'alcool et de tabac en particulier. De tels changements sont cependant difficiles à obtenir. En outre, certains auteurs ont dénoncé un type de communication sociale visant à culpabiliser les individus ayant des comportements nocifs pour leur santé[33].

Les développements les plus récents de l'épidémiologie sociale incitent cependant à une vision beaucoup plus large du type de politique nécessaire pour garantir la bonne santé des individus. Pour M. Renaud, « une société ne peut plus uniquement renvoyer la balle à ses membres, en leur disant qu'ils et elles sont "responsables" de leurs habitudes de vie et dès lors de leur santé. Une société doit se préoccuper de la qualité de l'environnement social qu'elle crée[34]. » Les politiques de santé devraient donc se donner pour objectif non pas uniquement le développement de nouvelles technologies médicales et l'adoption par les individus de comportements sains mais, plus largement, d'investir dans l'amélioration du lien social. Même s'il est difficile d'en mesurer très précisément les effets, des aménagements dans les domaines de la protection de l'enfance et de l'éducation, des milieux de travail et de l'environnement urbain pourraient avoir un impact bénéfique sur les états de santé de la population.

33. R. Crawford, « 'C'est de ta faute' : l'idéologie de la culpabilisation de la victime et ses applications dans les politiques de santé », in L. Bozzini, M. Renaud et al., *Médecine et société. Les années 80*, Éd. Saint-Martin, Montréal, 1981.
34. M. Renaud, « Expliquer l'inexpliqué : l'environnement social comme facteur clé de la santé », *Interface*, mars-avril 1994, p. 22.

4

SANTÉ, MALADIE ET LEURS INTERPRÉTATIONS CULTURELLES ET SOCIALES

Tout événement important de l'existence humaine demande une explication : on doit en comprendre la nature et lui trouver des causes. La maladie n'échappe pas à cette exigence. L'individu confronté à une sensation corporelle désagréable et inhabituelle doit la « décoder », la relier éventuellement à d'autres manifestations, décider s'il y a lieu d'y voir un signe inquiétant pour lequel une action s'impose. Il doit aussi pouvoir en rendre compte, expliquer aux autres ce qu'il ressent s'il veut recevoir une aide.

Une telle élaboration n'est pas seulement individuelle, elle est reliée au social et à la culture. Depuis longtemps, divers travaux psychosociologiques ont montré que des états physiologiques, comme la faim ou la douleur, ne sont pas des données totalement objectives : ils sont interprétés en fonction des contextes sociaux dans lesquels ils se produisent[1]. Le sociologue Howard Becker a également montré, dans un article célèbre intitulé *Comment on devient fumeur de marijuana ?*[2], qu'éprouver du plaisir à fumer cette substance n'est pas immédiat : c'est le résultat d'un apprentissage qui s'opère grâce à l'appartenance à un groupe de fumeurs. Peu à peu, au contact des autres, les perceptions du novice se transforment. C'est seulement ainsi qu'il en vient à ressentir comme agréables des sensa-

1. La première étude à avoir abordé ce problème est celle de S. Schachter et J. Singer, « Cognitive, Social and Physiological Determinants of Emotional States », *Psychological Review*, 1962, vol. LXIX, pp. 379-399.
2. H. Becker, *Outsiders*, New York, The Free Press of Glencoe, 1963, traduit sous ce même titre aux Éditions Métailié, Paris, 1985.

tions corporelles en elles-mêmes ambiguës. Au niveau le plus général, l'appartenance à une culture fournit à l'individu le cadre dans lequel s'opèrent ces interprétations touchant les phénomènes du corps et, en particulier, la maladie et ses symptômes.

1. Le modelage culturel de la maladie

1.1 L'expérience de la douleur

L'une des premières études portant sur ces problèmes est celle de Mark Zborowski[3], datant de 1952, qui porte sur les composantes culturelles de l'expérience de la douleur dans trois groupes ethniques aux États-Unis : des Américains d'origine italienne, des Américains d'origine juive, des Américains issus de familles protestantes implantées de longue date aux États-Unis. Tandis que les Américains d'origines juive et italienne réagissent à la douleur de manière très émotionnelle et sont sensibles à des seuils de stimulation douloureuse très bas, les Américains « de souche » tendent beaucoup plus à la minimiser. Zborowski analyse aussi la signification attachée à la douleur dans ces différents groupes. Pour les « Italiens », l'expérience a surtout un sens immédiat, leurs plaintes sont très vives mais elles s'apaisent dès que la douleur cesse et celle-ci leur laisse peu de souvenirs. En revanche, les préoccupations des Américains d'origine juive concernent les conséquences à long terme. Leur anxiété est tournée vers l'avenir et elle ne s'efface pas lorsque la douleur a disparu. La même intensité de réaction dans ces deux groupes ne correspond donc pas à une même attitude face à l'expérience de la douleur. Quant aux Américains de souche, leur plus grand stoïcisme s'accompagne aussi d'une inquiétude centrée sur le futur. Leur attitude est également très pragmatique : ils acceptent mieux l'hospitalisation que les membres des autres groupes et pensent qu'il faut coopérer avec le personnel.

3. M. Zborowski, « Cultural Components in Responses to Pain », *Journal of Social Issues*, 1952, n° 8, pp. 16-30 ; traduit in F. Steudler, *Sociologie médicale*, Paris, Armand Colin, 1972.

1.2 La discrimination des symptômes

Quelques années plus tard, une étude d'Irving Zola[4] a montré, sur des groupes d'Américains d'origine italienne ou irlandaise, qu'on pouvait étendre cette analyse au problème global de la discrimination des symptômes corporels. L'auteur a étudié comment des patients décrivaient leurs symptômes au médecin dans le cadre de consultations de médecine générale, d'ophtalmologie et d'oto-rhino-laryngologie et il a comparé très précisément l'expression des plaintes dans des couples de malades, l'un d'origine italienne, l'autre d'origine irlandaise, sur lesquels avait été porté le même diagnostic. Les Irlandais indiquent plus souvent des localisations précises pour leurs symptômes, décrivent un dysfonctionnement circonscrit et minimisent leur souffrance. Les Italiens se plaignent de symptômes plus nombreux mais ceux-ci sont plus diffus ; ils insistent sur la douleur ressentie et soulignent que leur humeur et leurs relations avec autrui sont perturbées. Ainsi, pour un même trouble visuel, à la question « De quoi souffrez-vous ? » un Américain d'origine irlandaise répond : « Je ne peux pas y voir pour enfiler une aiguille ni pour lire le journal » tandis que le malade d'origine italienne dit : « J'ai un mal de tête perpétuel, les yeux qui pleurent et qui deviennent rouges ».

Les différences de réaction selon les cultures ne concernent pas seulement le style de plainte ou la nature de l'angoisse associée à différents symptômes. Selon les sociétés, on attache un intérêt plus ou moins grand à différents organes ou différentes parties du corps. Dans les sociétés occidentales, le cœur est investi de significations particulières. Au Japon, traditionnellement, c'est à l'abdomen *(hara)* que l'on accorde la plus grande attention. Il est considéré comme le siège de la vie et condense les significations que nous attachons à la fois au cœur et au cerveau. Encore de nos jours, alors que la médecine occidentale est dominante au Japon, les

4. I.K. Zola, « Culture and Symptoms. An Analysis of Patients' Presenting Complaints », *American Sociological Review*, 1966, vol. XXXI, pp. 615-630 ; traduit in C. Herzlich, *Médecine, maladie et société*, Paris-La Haye, Mouton, 1969, pp. 27-41.

Japonais discriminent un grand nombre de troubles abdominaux que nous ne distinguons pas et s'en préoccupent énormément.

1.3 Les modèles explicatifs de la maladie

Le modelage culturel englobe aussi, au-delà de la perception et de l'expression des symptômes, ce qui est défini comme maladie dans une société donnée. On sait que, dans certaines d'entre elles, des phénomènes que la médecine occidentale juge pathologiques ne sont pas considérés comme des symptômes : les vers intestinaux que certains groupes ethniques considèrent comme des éléments nécessaires à la digestion en sont un exemple. Mais le point le plus intéressant est, à l'inverse, le cas de ce que les anthropologues appellent des « syndromes liés à la culture ». Un des plus célèbres et des mieux étudiés est constitué par une maladie que la médecine scientifique occidentale ne reconnaît pas et ne sait pas expliquer : le *susto* ; celui-ci sévit dans toute l'Amérique latine, chez les populations d'origine espagnole comme chez celles d'origine indienne. Toutes les personnes souffrant du *susto* manifestent les mêmes symptômes : elles sont agitées durant leur sommeil, et, au contraire, se montrent amorphes, sans force, dépressives, indifférentes à l'hygiène et à leur apparence lorsqu'elles sont éveillées. L'explication du *susto* avancée par les patients, leurs familles et les guérisseurs traditionnels, est qu'à la suite d'un événement effrayant (le mot *susto* signifie frayeur), une partie essentielle, non matérielle, de la personne a été séparée de son corps.

Une équipe pluridisciplinaire composée de médecins et d'ethnologues a étudié soigneusement le *susto* dans trois villages mexicains[5]. Ils ont d'abord montré qu'il ne s'agit pas d'une maladie connue de la médecine occidentale, une maladie mentale par exemple, à laquelle on donnerait, en Amérique latine, un nom différent. Pour les auteurs, le *susto* a bien une spécificité, il « démontre de quelle façon processus culturels et organiques

5. A.J. Rubel, C.W. O'Nell, R. Collado-Ardon, *Susto, a Folk-Illness*, Berkeley, University of California Press, 1984.

interagissent pour former une entité inconnue de la médecine occidentale ». Ils ont également mis en évidence le fait que le *susto* survient chez des personnes ayant des difficultés à faire face aux problèmes et aux pressions de la vie quotidienne et à remplir efficacement leurs rôles sociaux. Pour autant, le *susto* n'est pas qu'un moyen pour la personne d'échapper à cette situation en se sentant et en se faisant reconnaître malade. L'examen médical de patients atteints, comparé à celui des autres villageois, montre un nombre significativement plus élevé de troubles organiques diversifiés et parfois graves. Il faut donc comprendre cette affection dans toute sa complexité : comme la réaction organique et psychique d'un individu à des contraintes et exigences sociales, réaction modelée et définie de manière spécifique à l'intérieur d'une société et d'une culture.

D'autres anthropologues, Byron Good et Marie-Jo Delvecchio-Good[6], ont exposé comment, selon eux, on doit comprendre les relations entre culture et faits corporels. Ils ont analysé, en particulier, les difficultés qui surgissent lorsque des membres de sociétés non occidentales entrent en contact avec la médecine scientifique. Ces auteurs collaborent avec des médecins spécialistes de « médecine familiale »[7] dans un hôpital américain où viennent consulter des patients d'origines culturelles variées. Le modèle qu'ils proposent a donc, en partie, un but pratique : il doit aider les médecins à mieux comprendre ce type de malades et les symptômes qu'ils éprouvent.

Pour les deux chercheurs, toute maladie est un phénomène signifiant et l'activité médicale est toujours interprétative. Le médecin interprète les symptômes ressentis par son patient et les retraduit dans les catégories du savoir médical fondées sur des notions biologiques. Le malade, de son côté, possède son propre point de vue concernant son état et s'est forgé, à son propos, un « modèle explicatif » ; celui-ci peut être en partie individuel mais il est aussi enraciné dans la culture. Les chercheurs parlent encore de

6. Voir B.J. Good et M.-J. Delvecchio-Good, « The Meaning of Symptoms : a Cultural Hermeneutic Model for Medical Practice », in L. Eisenberg et A. Kleinmann (eds), *The Relevance of Social Science for Medicine*, D. Reidel, 1980, pp. 165-196.
7. Aux États-Unis, la « médecine familiale » constitue une spécialité.

« réseau sémantique de la maladie » pour désigner l'ensemble de notions et de symboles qui lui sont associés et lui donnent sens. Les médecins, disent-ils, sont conscients de la variété de perception et d'expression des symptômes selon les cultures mais ils considèrent que cette différence est de surface : les individus perçoivent et traduisent différemment une réalité qui est toujours la même et que la médecine occidentale analyse objectivement. Pour les anthropologues, au contraire, le modèle explicatif du malade n'est pas seulement une traduction : la signification de la maladie fait partie de la réalité même et la modèle.

Plusieurs exemples viennent illustrer le modèle proposé dont celui d'une femme chinoise émigrée du Viêt-nam aux États-Unis en 1975. Elle vient consulter pour une sensation très douloureuse de « poids sur la poitrine ». Le médecin américain pense à des troubles cardiaques mais ceux-ci ne sont pas confirmés par les examens et aucun traitement n'améliore l'état de la malade. Encouragé par les anthropologues à rechercher le « modèle explicatif » de la malade, le médecin apprend de celle-ci certains faits qui, selon elle, sont à l'origine de son état : elle a mené une vie très dure, a porté des poids très lourds dans sa jeunesse et un jour son mari l'a sauvagement battue. Elle fait part aussi de sa tristesse d'avoir quitté le Viêt-nam et d'y avoir laissé des proches. Après cette conversation, le diagnostic du médecin s'oriente vers une dépression. Mais celle-ci ne correspond pas, dans ses symptômes, à la dépression d'un malade américain ; le « modelage culturel » ne concerne donc pas que son expression. En Chine, les symptômes psychiatriques donnent en effet plus souvent lieu qu'en Occident à des symptômes corporels et l'expérience de la dépression passe souvent par des douleurs cardiaques, alors que ce n'est pas le cas aux États-Unis ou en France.

2. Le « sens du mal » dans les sociétés modernes

Dans les sociétés où la médecine scientifique moderne s'est imposée, le savoir médical fournit à chacun des notions et des explications concernant la nature et les causes de son mal. Luc Boltanski[8] a bien montré les conditions qui favorisent l'acquisition d'une telle « compétence médicale » par le malade : ce sont les membres des milieux les plus favorisés qui intériorisent le mieux les catégories conceptuelles du savoir médical. Les raisons en sont claires : ils consultent plus souvent le médecin ; proches de lui par l'origine sociale, ils partagent ses visions du monde et communiquent facilement avec lui ; enfin leur niveau d'éducation élevé rend plus aisée la transmission de connaissances du médecin au malade. Ils sont donc les plus enclins à décrypter leurs maladies et à communiquer à son sujet selon les catégories de la médecine. Plus généralement, le rapport au corps est modelé par la proximité d'un groupe social avec le discours scientifique dominant dans les sociétés industrielles.

Cependant cela ne suffit pas pour répondre à toutes les questions que se pose le malade. Pour la personne concernée, l'exigence de compréhension de son état, surtout s'il lui paraît inquiétant, va plus loin : la maladie n'est pas seulement un ensemble de symptômes qui la conduit chez le médecin, elle constitue un événement malheureux qui menace et, parfois, modifie radicalement sa vie. De ce point de vue, elle entraîne la formulation de questions ayant trait au sens même de cet événement : « pourquoi se produit-il ? », « pourquoi moi ? », « pourquoi maintenant ? ». Comme chez les patients étudiés par Byron Good, le diagnostic médical ne suffit pas pour répondre à ces questions et le « point de vue du malade » n'est pas qu'une reproduction, plus ou moins fidèle, du savoir médical[9].

Dans notre société comme dans les autres, les maladies, et plus particulièrement certaines d'entre elles, sont interprétées de manière spécifique et sont prégnantes dans l'imaginaire collectif ; mais la notion même de maladie sert aussi de support à l'expression de croyances et de valeurs plus larges. L'interprétation collective de la maladie s'effectue toujours en des

8. L. Boltanski, « Les usages sociaux du corps », *Annales, Économies, Sociétés, Civilisations*, Janv-Fév. 1971, pp. 205-231.

9. Voir C. Herzlich, « Médecine moderne et quête de sens : la maladie signifiant social », in : M. Augé, C. Herzlich, *Le Sens du mal. Anthropologie, histoire, sociologie de la maladie*, Paris, Archives contemporaines, 1984.

termes mettant en cause la société, ses règles et la vision que nous en avons : à travers nos conceptions de la maladie, nous parlons aussi de notre rapport à l'ordre social.

2.1 Les représentations sociales de la santé et de la maladie

En France, ce problème a été abordé par Claudine Herzlich au cours des années soixante[10], à travers l'étude des représentations sociales de la santé et de la maladie. L'étude a été menée par entretiens approfondis, auprès de membres des classes moyennes et supérieures. L'hypothèse de l'auteur était de montrer l'existence, concernant les notions mêmes de santé et de maladie, de conceptions indépendantes du savoir médical. Il s'agissait de voir comment, à travers quelles notions et quelles valeurs, les membres de notre société donnent forme et sens à leurs expériences organiques individuelles et de comprendre comment, sur cette base, s'élabore une réalité sociale collectivement partagée.

L'étude montre clairement que le langage dans lequel on s'exprime à propos de la santé et de la maladie, dans lequel on en interprète les causes, les manifestations et les conséquences, n'est pas un langage du corps : c'est un langage du rapport de l'individu à la société. La maladie objective un rapport conflictuel au social. Ainsi, les personnes interrogées élaborent-elles une théorie causale constituant une forme de modèle explicatif de la maladie. Elles considèrent que son déclenchement est dû aux effets nocifs d'un « mode de vie malsain », lui-même perçu comme l'expression d'une « société agressive ». Le rythme de vie trop rapide, l'air pollué, la nourriture « chimique », le bruit, sont interprétés comme autant de facteurs nocifs faisant violence à une nature intrinsèquement bonne et proche de l'individu. Face à la société, celui-ci est, en revanche, caractérisé par sa capacité de résistance à l'agression. L'individu est fondamentalement sain et la santé

10. C. Herzlich, *Santé et maladie, analyse d'une représentation sociale*, Paris-La Haye, Mouton, 1969, réédition, Paris, Éditions de l'EHESS, 1992.

dépend tout entière de lui. L'opposition de la santé et de la maladie redouble en l'objectivant celle que les personnes interrogées perçoivent entre l'individu et la société.

Ce sont aussi des critères sociaux, l'activité ou l'inactivité, la participation sociale ou l'exclusion qui sont utilisés pour définir le malade ou le bien-portant. Être malade, pour les personnes interrogées, c'est « s'arrêter », c'est-à-dire interrompre son travail. Cette équivalence – dans laquelle on peut voir ce que B. Good appelle le « réseau sémantique » de la maladie – définit celle-ci mieux que tout état du corps. Le discours collectif n'est donc pas un calque, plus ou moins exact, du discours médical, une énumération de symptômes et de processus corporels. Au contraire, les symptômes, les dysfonctionnements ne s'organisent en « maladie » que dans la mesure où ils introduisent une modification de la vie du malade et de son identité sociale.

Réciproquement, les conceptions de la santé s'élaborent dans un registre qui va du purement organique, la santé conçue comme simple « absence de maladie », au social. Les participants à l'enquête développent longuement une conception de la santé comme « équilibre ». Celui-ci correspond à la possibilité pour l'individu de maîtriser au mieux les pressions et les demandes de la vie sociale. Il s'accompagne du sentiment de bien-être physique et psychologique, d'efficience dans l'activité, d'accomplissement et d'harmonie dans les relations avec les autres. La conception de la santé comme équilibre correspond tout à fait à l'analyse de Canguilhem[11] pour lequel la santé est une notion normative qui dépasse le seul état corporel.

C'est toujours par rapport à ces notions, où s'expriment les relations de la personne à son milieu social, que se définit le sens même de l'expérience du malade et que s'orienteront ses comportements. Le malade vivra la maladie comme « destructrice » si, à partir de la privation d'activité que la maladie entraîne et qui s'accompagne tant de la destruction des liens avec les autres que de pertes diverses dans ses capacités et dans ses rôles, il ne voit aucune possibilité de restaurer son identité, totalement assimilée

11. G. Canguilhem, *op. cit.*, (voir Introduction).

à l'intégration sociale. Il s'efforcera alors de lutter de toutes ses forces contre une telle situation, au besoin en niant l'existence de la maladie tant que cela est possible. Au contraire, la maladie est vécue comme « libératrice », si le malade perçoit en elle l'occasion d'échapper à un rôle social qui étouffe son individualité. En ce cas, la maladie, loin de ne représenter qu'un cortège de destructions, permet de retrouver le « vrai sens de la vie » qui ne réside pas dans sa dimension sociale. Elle offre la possibilité d'une révélation voire d'un dépassement de soi. Pour d'autres personnes enfin, qui ont souvent eu l'expérience d'une maladie grave, la maladie est un « métier ». Elle n'entraîne pas de transformation radicale dans l'image que la personne a d'elle-même ; celle-ci conserve un rôle valorisé et préserve son identité sociale par la lutte contre sa maladie. Ce combat devient l'élément central de sa vie, l'équivalent d'une activité professionnelle, et la base d'une intégration sociale spécifique mais persistante.

2.2 Les registres d'élaboration des représentations

On retrouve, sous-jacent dans ces représentations, un schéma dont les anthropologues ont montré l'existence dans de nombreuses sociétés traditionnelles : celui de la maladie « exogène ». La santé est naturelle, elle est dans « l'ordre des choses » si les personnes sont en harmonie avec leur entourage social et religieux. La maladie, en revanche, n'est pas naturelle, elle ne provient pas de l'individu lui-même mais dérive de l'introduction, réelle ou symbolique, dans le corps d'éléments nocifs, matérialisant, le plus souvent, la volonté de nuire d'un membre de la communauté, d'un sorcier, d'une divinité ou d'un ancêtre.

Pour les personnes interrogées dans l'enquête de C. Herzlich, aussi, la maladie est exogène. L'une des notions clés expliquant son déclenchement est celle « d'intoxication » qui désigne l'incorporation lente mais continue d'éléments « malsains » liés au mode de vie nocif, par exemple à la pollution de l'air ou à la présence de produits chimiques dans l'alimentation. L'interprétation de la maladie dans les sociétés modernes se coule donc dans un schéma universel. Cependant, à la différence des sociétés traditionnelles, ce ne sont pas les relations entre les membres d'une même communauté restreinte, ou celles des humains avec des êtres surnaturels, qui sont vues comme étant la cause première de la maladie mais un rapport conflictuel avec l'ensemble de l'environnement social, y compris dans ses conséquences matérielles sur l'environnement physique.

Ces représentations sont d'ailleurs précisément liées au type de relations qui se sont institutionnalisées autour de la maladie dans les sociétés industrielles à partir de la fin du XIXe siècle. C'est en raison de la prise en charge collective des malades par l'assurance sociale, qu'une assimilation stricte s'est créée entre santé et capacité de travail, entre maladie et incapacité. L'équivalence exprimée par les personnes interrogées entre « être malade » et « être arrêté » est historiquement datée : elle a définitivement pris forme en France, en 1945, avec la création de la Sécurité sociale. Enfin, on peut considérer que le sens attribué à la maladie, considérée comme le support d'un rapport ambivalent au social, est typique à la fois de l'époque moderne et de l'appartenance aux classes moyennes et supérieures des personnes ayant répondu à cette enquête : en particulier, le rejet d'une intégration sociale conformiste qu'exprime la conception de la « maladie libératrice », est la marque d'un individualisme aujourd'hui caractéristique de ces catégories sociales.

2.3 Représentations et groupes sociaux

D'autres études sociologiques se sont inspirées d'une problématique voisine, notamment en Angleterre. En particulier, plusieurs recherches ont été conduites sur les « modèles étiologiques », c'est-à-dire les conceptions qu'expriment les membres de différents groupes sociaux concernant les causes de la maladie [12]. À partir de ces travaux, l'idée est désormais acceptée qu'il existe une pensée « profane » [13] sur la santé et la maladie, répondant

12. Voir, par exemple, M. Blaxter, « The Causes of Disease : Women Talking », *Social Science and Medicine*, 1983, vol. XVII, pp. 59-69.
13. Le terme « profane » vient du vocabulaire religieux, pour lequel l'opposition sacré/profane est essentielle. Les sociologues de la maladie et de la médecine utilisent ce terme en

à une logique indépendante du savoir des « professionnels » (les médecins). Ces études montrent, comme l'écrit Rory Williams[14], qu'en décrivant et expliquant leurs maladies les individus s'appuient sur des visions du monde sous-jacentes concernant le caractère « producteur de santé » ou « destructeur de santé » de leur environnement social.

Toutefois, ces travaux ont aussi montré les variations des représentations selon les différents groupes sociaux. La différence la plus importante concerne la manière de concevoir la santé. Dans les classes populaires anglaises, à la différence des membres des classes moyennes françaises des années soixante, l'aspiration à une « santé-équilibre », assimilée à l'accomplissement de soi et au plaisir, n'est guère exprimée. La santé est identifiée soit à l'absence de maladie, soit à la capacité de travail. Une recherche française de Janine Pierret sur « les usages discursifs de la santé », conduite à la fin des années soixante-dix, auprès d'individus de statuts socio-économiques diversifiés résidant en milieu urbain ou en milieu rural, donne des résultats équivalents : en France aussi, pour les membres des classes populaires, la santé est un « instrument », le plus important de tous : « Quand on a la santé, on peut tout faire ; tout est possible et surtout travailler[15] ». Parmi les membres des classes moyennes, en revanche, la santé est tantôt énoncée comme une valeur personnelle par rapport à laquelle on organise son comportement, tantôt comme la résultante collective des politiques publiques et de l'action de l'État. Cette étude montre aussi qu'une variable plus fine, l'appartenance au secteur public ou au secteur privé du marché du travail, peut jouer sur les constructions discursives dont la santé est l'objet. Les travailleurs du secteur privé se distinguent

opposition à « professionnel ». Ils préfèrent ces termes à des catégories plus restrictives comme l'opposition entre « savoir du médecin » et « savoir du malade » ou celle entre « discours savant » et « pensée populaire ».

14. R. Williams, *A Protestant Legacy : Attitudes to Death and Illness Among Older Aberdonians*, Oxford, Clarendon Press, 1990.

15. J. Pierret, « Les significations sociales de la santé : Paris, l'Essonne, l'Hérault », in M. Augé, C. Herzlich, *Le Sens du mal*, pp. 217-256.

ainsi par leurs prises de position plus individualistes que celles des fonctionnaires.

L'étude de Rory Williams explorant « les attitudes envers la maladie, la vieillesse et la mort » chez des Écossais des classes populaires d'Aberdeen âgés de plus de soixante ans permet de bien comprendre selon quels registres interprétatifs s'élaborent les représentations. Pour ces personnes âgées ayant eu l'expérience d'une vie difficile dans une région marquée par des difficultés économiques importantes, la santé s'identifie à la nécessité du travail pour la survie. Elle est énoncée comme une « force de résister » et une « capacité de fonctionner » dont l'aspect corporel se double d'une dimension morale. C'est à la fois sur le plan pratique et sur le plan moral que les vieux habitants d'Aberdeen redoutent la « faiblesse » qui s'attache à la maladie et à la vieillesse. Pour eux, le travail et l'activité préservent la santé, en sont générateurs et, simultanément, sont constitutifs de l'image valorisée qu'ils ont d'eux-mêmes. L'éthique du travail ainsi que des influences religieuses calvinistes, un « activisme ascétique » persistant même si l'on a perdu toute foi religieuse, sont les ressources principales sur lesquelles les personnes interrogées s'appuient pour donner sens à leurs limitations corporelles et y faire face.

2.4 Un travail interprétatif dans des contextes variés

On voit donc que pour interpréter les phénomènes corporels, les personnes s'appuient sur des notions, des symboles et des schèmes de références intériorisés du fait de leurs appartenances sociales et culturelles. Dans certains cas de maladies très présentes dans l'imaginaire collectif, les ensembles de sens ainsi constitués ont une force spécifique et s'imposent en particulier aux personnes qui en sont atteintes. Susan Sontag a utilisé l'expression de « maladie comme métaphore » [16] pour décrire ce phénomène à propos du cancer : celui-ci est souvent vu comme l'expression corporelle

16. S. Sontag, *La Maladie comme métaphore*, Paris, Seuil, 1979.

du refus des pulsions et du refoulement chez des personnes à l'énergie vitale insuffisante. Susan Sontag, souffrant elle-même d'un cancer, a bien montré de quelle façon les malades peuvent se sentir prisonniers de telles images sociales négatives constituées autour d'une affection.

Néanmoins, dans la plupart des cas, il ne faut pas voir dans les représentations de la maladie ou de la santé la simple reprise par les individus d'un discours collectif ; ils ne sont pas seulement les supports de représentations parfaitement cohérentes et constituées en dehors d'eux. L'élaboration à laquelle ils se livrent s'appuie sur des ressources collectives, qui sont utilisées et modulées différemment en fonction des expériences de chacun et des contextes dans lesquels s'effectue ce travail interprétatif. Dans l'étude de Rory Williams, par exemple, on peut voir de quelle façon les personnes, lorsqu'elles sont atteintes par une maladie, cherchent à maintenir la cohérence de leurs représentations antérieures, qui sont aussi celles de leur groupe. Mais elles sont parfois amenées à modifier leurs points de vue et à élaborer d'autres interprétations, s'appuyant sur d'autres fondements, en fonction d'expériences nouvelles. Ainsi, certaines personnes atteintes de maladies graves et ne pouvant maintenir leurs activités antérieures en viennent à renoncer à leurs jugements moraux fondés sur le rejet de toute faiblesse face à la maladie. L'acceptation de limites dans leurs « capacités de fonctionner », qu'elles relient alors à la vieillesse autant qu'à la maladie, prend parfois le caractère d'une « libération ».

Une étude de Denise Jodelet[17] montre aussi comment le travail interprétatif dépend du système de relations qu'il contribue à produire en même temps qu'il l'exprime. Son étude, menée par entretiens et par une longue observation, portait sur les représentations des malades mentaux exprimées par les habitants d'une commune rurale française, Ainay-le-Château, où se pratique, de très longue date, le placement familial de ces malades. Les habitants du village, payés pour s'occuper de ces patients, en tirent bénéfice mais s'efforcent quotidiennement de tracer des frontières, matérielles et symboliques, entre eux-mêmes et les « fous ». Il s'agit de maintenir

17. D. Jodelet, *Folie et représentations sociales*, Paris, PUF, 1989.

ceux-ci à l'extérieur du groupe malgré la coexistence. Cette volonté de différenciation s'exprime par des pratiques, comme l'évitement du contact physique avec les malades, et en particulier avec tous les éléments liquides provenant d'eux ou ayant été en contact avec eux : par exemple, on ne lave pas ensemble les vêtements du malade et ceux de la famille. Corrélativement, les modèles auxquels on se réfère pour expliquer la folie font une large place à des croyances très anciennes issues du système des humeurs[18], dans lequel la notion de fluide corporel est importante. De même, diverses expressions des notions de souillure, de circulation des miasmes, et de contamination, conçue sur le modèle de la contagion organique, sont essentielles dans les représentations et justifient les distances prises à l'égard des malades.

3. Représentations, informations, croyances et action

Le problème des rapports entre représentation et action, entre le « dire » et le « faire », concernant la maladie et la santé est fréquemment posé. Nous avons vu dans un chapitre précédent qu'on a pu mettre en évidence le rôle déterminant de certains comportements dans le déclenchement de nombreuses maladies. Ce sont donc souvent des médecins et des responsables de la santé publique qui soulèvent cette question avec l'espoir que puisse exister une relation simple et directe entre informations et croyances d'une part, comportements d'autre part. Ils souhaitent, sur cette base, pouvoir orienter des actions préventives.

Un modèle proposant d'expliquer par l'état des « croyances » l'adoption d'un « comportement de santé » (modifier son alimentation ou cesser de fumer par exemple) a d'ailleurs été élaboré aux États-Unis dans le cadre des campagnes de santé publique. Il s'agit du « modèle des croyances pour la santé » *(Health Belief Model)*[19]. Idéalement, selon ce modèle, les modi-

18. Voir chapitre 2.
19. I. Rosenstock, « Why People Use Health Services », *Millbank Memorial Fund Quarterly*, 1966, vol. XLIV, pp. 54-127.

fications de comportements sont reliées à deux facteurs : d'une part la perception d'une menace pour la santé, d'autre part la perception que l'adoption d'un comportement particulier peut réduire cette menace. Chacun de ces facteurs repose sur des croyances sous-jacentes, en fait sur l'adhésion à des informations fournies par le corps médical : croyance dans la réalité de la menace et de ses conséquences, croyance dans l'efficacité de la mesure préventive. Cependant, on s'est rendu compte qu'un tel modèle n'est que faiblement prédictif. Les récentes campagnes sur le sida peuvent servir d'exemple : les enquêtes dites KABP[20] montrent que, dans l'ensemble, la population a été en peu d'années remarquablement bien informée et considère le sida comme un grand danger. Pourtant les changements de comportements sexuels sont difficiles à opérer et l'intolérance apparaît plus canalisée que supprimée[21].

Un tel modèle suppose d'abord que les individus sont parfaitement rationnels et que, pour eux, éviter les risques pour la santé constitue toujours un objectif primordial. Ensuite, il ne considère qu'une croyance ou une information isolée sans se demander comment elle s'intègre dans les ensembles complexes que constituent les représentations. Celles-ci agissent pourtant comme des filtres à travers lesquels les individus interprètent, acceptent ou rejettent les informations nouvelles. Enfin, il envisage les liens entre informations, croyances et conduites au niveau purement individuel. Or, toujours à propos du sida, certaines études montrent que l'information compte moins, pour l'adoption de conduites préventives, que le sentiment de proximité personnelle de la maladie et le fait de connaître des personnes atteintes. L'information prend signification et valeur d'incitation à l'action en raison de l'insertion dans un réseau de relations sociales.

20. KABP = Knowledge, Attitudes, Beliefs and Practices (information, attitudes, croyances et pratiques). Voir sur ce problème : J.-P. Moatti, W. Dab, M. Pollak *et al.*, « Les Attitudes et comportements des Français face au sida », *La Recherche*, n° 223, Juillet-Août 1990, pp. 888-895.

21. Sur ce dernier point, le lecteur pourra se reporter à l'article de G. Paicheler et A. Quemin, « Une intolérance diffuse : rumeurs sur les origines du sida », *Sciences sociales et santé*, 1994, vol. XII, n° 4, pp. 41-72.

En outre, la valorisation actuelle de la santé, telle qu'elle est fréquemment diffusée par les médias, n'est pas également répandue dans toutes les couches sociales. Dans les sociétés industrielles développées, au contraire de celles du tiers monde pour lesquelles la notion de santé demeure proche de celle de survie, la santé s'inscrit parmi la pluralité des systèmes de signification grâce auxquels nous nous représentons le monde dans lequel nous vivons. Au fur et à mesure qu'elle donnait lieu à de multiples consommations médicales, mais aussi alimentaires, sportives, vestimentaires, on a pu voir s'étendre le champ des activités, des objets et des situations par rapport auxquels la notion de santé pouvait être opérante. On énonce et évalue en terme de santé un nombre toujours croissant de phénomènes individuels ou collectifs. Le corps est devenu signe ; la santé est dans tout et tout est dans la santé. Pour l'individu – et d'autant plus qu'il appartient à une catégorie sociale élevée –, la santé s'inscrit dans la thématique de l'expression libre et de la réalisation de soi. Mais de nombreuses études montrent qu'au fur et à mesure que l'on descend dans l'échelle sociale, le discours de valorisation de la santé est moins présent et il est davantage déconnecté de la réalité des situations et des comportements[22].

Si l'on veut vraiment comprendre comment savoirs, représentations et discours prennent un sens pour l'action, il convient de toujours les rapporter aux contraintes quotidiennes de la vie des personnes d'une part, aux caractéristiques de leurs relations sociales d'autre part. Les éléments de la structure sociale ainsi que les systèmes de valeur et les références culturelles jouent également un rôle. Prendre soin de sa santé, veiller à son alimentation par exemple, est, en grande partie, affaire de ressources et de contraintes diverses, liées au travail, au revenu ou à la vie familiale. Arrêter de boire ou de fumer peut être une décision individuelle, fondée sur une information ou une norme, mais il faut, pour en apprécier la difficulté, en comprendre les implications relationnelles modelées par la culture du groupe auquel l'individu appartient.

22. Voir, par exemple, M. Calnan et S. Williams, « Styles of life and the salience of health », *Sociology of Health and Illness*, 1991, vol. XIII, pp. 506-529.

5

LES RELATIONS MÉDECIN-MALADE

Pour l'individu qui se sent ou se suppose malade, comprendre la nature de son état et lui donner un sens ne suffit pas : il lui faut se soigner. La rencontre avec la médecine et le médecin constitue toujours un moment crucial. Pour les médecins aussi, la relation avec les malades représente un problème important et l'on peut penser qu'ils y sont de plus en plus attentifs. Cette préoccupation peut être très pratique : il faut bien prendre en compte le point de vue des patients si l'on veut que ceux-ci se conforment aux prescriptions. D'autre part, les médecins n'ignorent pas que la principale raison de mécontement invoquée dans de nombreuses enquêtes par les usagers des services de santé concerne la « communication » entre malades et soignants. Pour certains cependant, l'attention portée à ce problème est d'un autre ordre. Ainsi, dès 1927, un médecin américain, le docteur Francis Peabody [1], émettait l'idée qu'un nombre important de patients souffrent de troubles dont les causes organiques ne peuvent être déterminées. Seule la relation privilégiée du praticien avec son malade, l'écoute attentive de celui-ci, peut permettre de déterminer les troubles émotionnels qui sont à l'origine du mal. Plusieurs décennies plus tard, le psychanalyste anglais Michael Balint [2] s'inscrit dans cette filiation. Il élaborera une théorie de l'efficacité thérapeutique fondée sur ce qu'il appelle le « remède-médecin » : l'écoute et l'attention portée au patient peuvent guérir au même titre qu'un médicament.

Pour les sociologues cependant, la relation médecin-malade ne doit pas

1. F. Peabody, « The Care of the Patient », *The Journal of the American Medical Association*, 1927, n° 88, pp. 877-882.
2. M. Balint, *Le Médecin, son malade et la maladie*, Paris, PUF, 1960.

être approchée en termes uniquement psychologiques. La rencontre entre ces deux personnages n'est pas qu'interpersonnelle. Elle met en présence des malades et leur entourage, appartenant à des groupes sociaux divers, et des membres d'une « profession » caractérisée par un statut très spécifique. Leurs rapports sont ceux de groupes différents par leurs compétences, leurs orientations, leur prestige, leur pouvoir ; ils sont donc inscrits dans les rapports structurels de la société globale. Par le fait qu'ils mettent en jeu des valeur sociales centrales, simultanément la santé et la science, les rapports des malades avec la médecine ont été l'objet, au cours des dernières décennies, d'une grande attention de la part des sociologues et d'un important effort de théorisation aboutissant à des modèles très contrastés.

1. Un modèle de relation médecin-malade consensuel, fondé sur le cas des maladies aiguës

À l'évidence, la structure sociale oriente la rencontre entre le malade et le médecin et en détermine également les modalités ; ainsi, le médecin et le malade poursuivent le même but, la guérison. C'est à partir de cette première idée, que s'est développée, après la Seconde Guerre mondiale, la réflexion du sociologue Talcott Parsons, père du structuro-fonctionnalisme, dont l'ouvrage, paru en 1951, *The Social System*[3] fait encore référence aujourd'hui. La réflexion de Parsons est également influencée par le type de pathologies caractéristique de son époque. Jusqu'aux années cinquante, ce sont les maladies aiguës, le plus souvent infectieuses, qui ont constitué l'essentiel et les plus préoccupantes des pathologies. Mais celles-ci viennent d'être l'objet d'une véritable révolution thérapeutique survenue après la

3. T. Parsons, *The Social System*, New York, The Free Press of Glencoe, 1951. Traduction disponible en français dans F. Bourricaud, *Éléments pour une sociologie de l'action*, Paris, Plon, 1955. Voir aussi la traduction d'une partie du chapitre X, « Structure sociale et processus dynamique : le cas de la pratique médicale moderne », in C. Herzlich, *Médecine, maladie et société*, Paris-La Haye, Mouton, 1970, pp. 101-115.

guerre : désormais, avec la découverte des antibiotiques, les maladies infectieuses guérissent. Dans ce contexte, la médecine est alors perçue comme une institution en passe de devenir toute-puissante.

1.1 La place de la maladie et de la médecine dans les sociétés modernes

À partir de ces présupposés théoriques et de ces données objectives, Talcott Parsons a été le premier sociologue à proposer une analyse de la place de la maladie et de la médecine dans la société globale ; il en déduit ensuite un modèle visant à appréhender la relation médecin-malade.

Parsons part du constat selon lequel la santé est nécessaire au bon fonctionnement de la société. Cette exigence est particulièrement marquée dans les sociétés industrielles modernes. L'individu s'y définit comme un producteur ; il doit, par conséquent, être en bonne santé. Au contraire, la maladie exerce un pouvoir de rupture ; il peut y avoir une attirance spontanée pour l'état de maladie puisque le fait d'être souffrant permet de se faire exempter des obligations liées aux rôles sociaux et à l'activité professionnelle. La maladie constitue donc une déviance potentielle par rapport à l'ordre social.

La médecine moderne est alors l'institution devant faire face à cette menace que constitue la maladie. L'analyse de Parsons s'appuie d'abord sur la notion d'autorité professionnelle fondée sur un haut niveau de savoir formel et spécialisé[4]. En accord avec la perspective fonctionnaliste, il conçoit la médecine comme un rouage nécessaire pour une société fonctionnant en douceur : elle contribue à maintenir la stabilité sociale en identifiant et en traitant la maladie et en canalisant ainsi la déviance potentielle que celle-ci représente. Pour Parsons, le médecin est le seul à pouvoir, sur la base de sa compétence, dire qui est malade et, dès lors, à pouvoir l'exempter de ses obligations. Ce contrôle social par la médecine est consi-

4. Voir chapitre 2.

déré comme bénéfique pour l'ensemble de la société et la médecine apparaît comme une profession toute entière au service de la collectivité.

Dans ce contexte général définissant les fonctions de la maladie et de la médecine dans la société globale, comment s'élabore la rencontre concrète entre ces deux acteurs que sont le malade et le médecin ? Pour T. Parsons, la structure sociale organise fortement leur comportement et, d'un côté comme de l'autre, existent en effet des attentes clairement définies : les patients ont besoin de l'aide des médecins ; réciproquement, les médecins se comportent de manière altruiste et disposent de connaissances spécialisées permettant d'atteindre le but commun du malade et du médecin : la guérison. Ainsi le modèle de la relation médecin-patient élaboré par Parsons est-il simultanément asymétrique et consensuel. Il est asymétrique parce que c'est le médecin qui peut résoudre le problème du malade ; le médecin est actif et le malade est passif. Le modèle est cependant consensuel parce que le malade reconnaît le pouvoir du médecin et parce que la relation thérapeutique est fondée sur une forte réciprocité. Elle est décrite comme un couple de rôles attendus et complémentaires : le rôle du malade et le rôle du médecin. Une consultation qui se déroule avec succès requiert simplement que le médecin et le patient jouent correctement leur rôle respectif.

1.2 Les rôles du malade et du médecin

Le rôle du malade se définit d'abord par son exemption des responsabilités habituelles. Quand on est malade, on ne peut les remplir : on ne peut ni travailler ni s'occuper de sa famille. Il est également clair que le malade ne peut pas guérir seul par un acte de décision. De ce fait, il n'est pas tenu pour responsable de son incapacité et il a droit à l'assistance. Ces deux caractéristiques constituent des privilèges pour le malade mais ceux-ci sont conditionnels ; en retour il a des obligations. Il doit considérer la maladie comme indésirable et souhaiter « aller mieux ». Enfin, le malade a l'obligation de rechercher une aide compétente et de coopérer avec ceux qui ont la charge de le soigner. C'est à ce prix seulement que le caractère de déviance de la maladie est annulé et que celle-ci devient un état légitime.

Le pivot du rôle du médecin est sa compétence technique qui le désigne comme spécialiste du domaine de la santé et de la maladie. Toutefois, pour qu'il n'y ait pas de possibilité d'abus, l'autorité qui en dérive doit être spécifique, clairement limitée à ce domaine précis : le rôle du médecin, dit Parsons, est fonctionnellement spécifique. En second lieu, son rapport au malade ne repose pas sur des liens personnels mais, au contraire, sur des règles abstraites qui renvoient précisément à sa compétence technique. Il doit faire preuve de neutralité affective, d'autant plus qu'il a accès à l'intimité personnelle et psychique du patient, lequel est vulnérable du fait de son état d'impuissance et de trouble. Seule une telle attitude peut assurer l'objectivité du rapport qu'il entretient avec le malade. Enfin, le rôle du médecin se caractérise par son souci du bien-être du patient avant tout, par opposition à d'autres métiers où le mobile du profit est reconnu, mais aussi par une orientation vers l'intérêt général. Il est caractérisé par son universalisme.

L'intérêt de ce modèle est triple : il réside d'abord dans la reconnaissance de la signification de la santé et de la maladie au point de vue sociétal, il est aussi d'avoir mis en évidence, pour la première fois, la place centrale que la médecine occupait dans la société moderne et, enfin, d'avoir montré que sa fonction n'est pas seulement une fonction technique mais aussi une fonction de régulation sociale. C'est à partir de l'impulsion donnée par cette analyse que les recherches en sociologie de la maladie ont commencé à se développer. Elles ont longtemps eu pour objet privilégié l'adoption, ou non, du « rôle de malade » par les individus concernés.

1.3 Compléments et critiques au modèle de Parsons

Peu à peu, sont apparues les limites des postulats théoriques de Parsons. On a d'abord souligné que son modèle a un caractère monolithique : il ne définit qu'un seul type de relation médecin-malade caractéristique des maladies aiguës. Or, dans les sociétés occidentales modernes, celles-ci ont, en grande partie, cédé la place aux pathologies chroniques, leur étude montre que de nombreux malades gardent aujourd'hui leur insertion dans la collectivité et leurs rôles sociaux, et la maladie ne constitue, dès lors, plus le même type de menace pour le fonctionnement de la société. En revanche, les malades chroniques ne peuvent, actuellement, espérer la guérison. De ce point de vue, l'objectif même de la relation malade-médecin est transformé.

Dès 1956, deux psychiatres, Thomas Szasz et Mark Hollander[5], reprennent donc certains aspects du modèle de Parsons (en particulier l'idée de la réciprocité de la relation) mais en considérant cette fois l'existence de trois modèles de relation thérapeutique, directement liés à l'état du malade. Dans le cas des blessures graves, du coma, ou d'un patient soumis à une anesthésie, la relation prend la forme « activité-passivité » : le malade est un objet passif, alors que le médecin est totalement actif. Au contraire, lorsque les circonstances sont moins graves, le malade est capable de suivre en partie les conseils du praticien et d'exercer une part de jugement, la relation fonctionnant dès lors sur le mode de la « coopération guidée ». Enfin, dans le cas des maladies chroniques qui s'étalent dans la durée (le diabète par exemple), le médecin et le malade ne se rencontrent qu'occasionnellement et le rôle du médecin consiste à aider le malade à se prendre lui-même en charge. Dans ce cas de figure, la relation prend la forme de la « participation mutuelle ».

Un second type de critique s'adresse à l'asymétrie des positions du malade et du médecin. Le postulat de la coopération ne doit-il pas lui aussi être nuancé ? En effet, bon nombre de malades sortant du cabinet de consultation ne respectent pas les prescriptions de leur médecin. De très nombreuses recherches empiriques se sont attachées à ce problème : des chercheurs anglais réexaminant les résultats de 68 études portant sur cette

5. T. Szasz et M.H. Hollander, « A Contribution to the Philosophy of Medicine, The Basic Models of the Doctor-Patient Relationship », *A.I.M. (Archives of Internal Medicine)*, n° 97, 1956, pp. 585-592.

question (la *compliance* du malade selon le terme anglais) ont mis en évidence que le pourcentage médian de patients qui ne suivent pas les prescriptions médicales varie, selon les cas, de 35 % à 57 %[6]. On peut penser, sur la base de ces travaux, que tout le monde, un jour ou l'autre, est dans ce cas.

De plus, la non-coopération et l'attitude critique ont sûrement augmenté avec le temps. Lorsque l'on a demandé à des médecins retraités français[7] de donner leurs impressions sur les attitudes et les comportements de leurs patients au début et à la fin de leur carrière, ils n'ont été que 2 % à considérer que leurs patients étaient bien informés au début de leur carrière ; en revanche 93 % jugeaient qu'ils l'étaient lorsqu'ils ont pris leur retraite. Ainsi il est difficile d'opposer sans nuance l'incompétence et la passivité du malade à la toute-puissance et la compétence du médecin. Parallèlement à cette amélioration de la compétence des patients, les médecins notent une augmentation de leur caractère exigeant qui passe de 8,8 % à 80,3 % et une diminution de leur docilité qui s'abaisse de 59 % à 10 %. La part des médecins qui les jugent coopératifs se rétrécit simultanément et passe de 33,9 % à 23,7 %.

En prenant en compte l'influence de la classe sociale, d'autres recherches, entreprises au cours des années cinquante et soixante et s'inscrivant ou non dans le courant structuro-fonctionnaliste, sont venues affiner la compréhension de la relation médecin-malade.

À la suite de l'analyse de Parsons sur l'adoption du « rôle de malade », des travaux se développent qui montrent qu'à cette époque, les membres des classes populaires et notamment les travailleurs manuels, répugnent à se percevoir comme malades. Une étude de Daniel Rosenblatt et Edward Suchman, parmi d'autres, montre que cette répugnance à « adopter le rôle de malade » est liée à une plus grande distance vis-à-vis des valeurs scien-

6. K. Tones, L. Davison, « Health Education in the National Health Service », in D. Anderson, *Health Education in Practice*, Londres, Croom Helm, 1979.
7. C. Herzlich, M. Bungener, G. Paicheler et al., *Cinquante Ans d'exercice de la médecine en France. Carrières et pratiques des médecins français. 1930-1980*, Les Éditions INSERM / Doin, 1993, pp. 184-186.

tifiques de la médecine moderne[8]. S'y conformer est, au contraire, un comportement typique des classes moyennes et supérieures. Nous avons ainsi vu dans un chapitre précédent que la différence qualitative de recours aux soins selon la classe sociale persiste encore aujourd'hui.

L'influence de la classe sociale marque aussi, plus globalement, l'ensemble du traitement que les individus reçoivent et même ses résultats. On peut citer à cet égard l'ouvrage *Social Class and Mental Illness* publié en 1958 aux États-Unis conjointement par un sociologue, August Hollingshead, et par un psychiatre, Frederick Redlich[9]. Dans cette étude, s'inscrivant dans le courant d'études de la stratification sociale et qui est l'une des plus importantes jamais entreprises sur la maladie mentale, les auteurs montraient d'abord que les patients des classes supérieures venaient souvent voir un psychiatre de leur propre initiative ou envoyés par des proches. Au contraire, ceux des classes populaires étaient plus souvent adressés au psychiatre par un autre médecin, un travailleur social ou la police. Mais il apparaît également qu'en fonction de leur origine sociale ou ethnique, les malades recevaient des traitements différents : ceux des classes supérieures une psychothérapie, ceux des classes populaires un traitement organique[10]. En outre, les premiers voyaient leur état s'améliorer davantage et plus rapidement que les seconds. L'étude montrait ainsi que l'origine sociale et le contexte culturel du médecin jouaient un rôle important : les résultats étaient d'autant meilleurs que médecin et malade étaient plus proches de ce point de vue. Cette recherche souligne donc le caractère problématique de « l'universalisme médical », tel qu'il est défini par Parsons.

---

8. D. Rosenblatt, E.A. Suchman, « Information et attitudes des travailleurs manuels envers la santé et la maladie », in C. Herzlich, *Médecine, maladie et société*, pp. 49-61.

9. A.B. Hollingshead, F.C. Redlich, *Social Class and Mental Illness*, New York, Wiley, 1958. Traduction française d'un chapitre : « Classe sociale et traitement psychiatrique » in C. Herzlich, *Médecine, maladie et société*.

10. À cette époque, les traitements organiques de la maladie mentale consistaient en administration de chocs électriques ou en déclenchement de comas insuliniques. La psychanalyse et diverses formes de psychothérapies étaient en expansion tandis que les traitements médicamenteux étaient peu développés.

Une étude beaucoup plus récente de la sociologue américaine, Terry Mizrahi vient encore confirmer cette idée. Portant sur la formation professionnelle des jeunes médecins, cette recherche montre que l'orientation vers des valeurs universalistes comme le « bien du patient » n'est pas seule à guider leur conduite. Confrontés à une situation difficile, dûe au manque de lits et de personnel dans l'hôpital où ils travaillent, ils acquièrent, dit l'auteur, « une socialisation anticipatrice d'une relation médecin-malade négative »[11]. Accablés de travail, tout se passe comme s'ils classaient les malades en deux groupes : les malades idéaux qui sont propres, polis, coopératifs et, le plus souvent, membres des classes moyennes et supérieures, et les malades méprisés qui, se conduisant à l'inverse des précédents, sont le plus souvent membres des classes populaires ou appartiennent à des groupes ethniques minoritaires aux États-Unis. Les médecins les soupçonnent fréquemment de vouloir « abuser » des soins médicaux et développent vis-à-vis d'eux un ensemble d'attitudes visant à « se débarrasser des malades ».

Ainsi, la principale critique au modèle de Parsons réside-t-elle dans son caractère normatif. En postulant que la société est régulée par des normes et des valeurs – orientées vers le bien collectif – parfaitement intégrées par les individus et assurant dès lors un fonctionnement de la société en douceur, Parsons a sans doute négligé l'existence de conflits entre points de vue et intérêts différents ainsi que l'effet des hiérarchies sociales qui interfèrent avec les comportements tels qu'ils devraient être.

2. Un modèle de relation médecin-malade conflictuel

Le renouvellement de l'analyse parsonienne est d'abord venu de l'adoption de nouveaux modèles d'appréhension de la société. Il est sans doute lié à un contexte idéologique plus large : à la fin des années soixante et au cours

11. T. Mizrahi, *Getting Rid of Patients : Contradictions in the Socialization of Physicians*, Brunswick N.J., Rutgers University Press, 1986.

des années soixante-dix, la contestation des institutions, des savoirs et des pouvoirs domine la réflexion sociologique et la médecine n'y échappe pas.

Progressivement, à partir des années soixante, la société a cessé d'être analysée par les sociologues en termes consensuels et un modèle alternatif a eu tendance à s'imposer. Ce modèle a souligné l'importance de la prise en compte des conflits et des intérêts dans l'explication du maintien de l'ordre social et dans le phénomène du changement social. Dans le domaine de la sociologie de la médecine et de la maladie, ce nouveau modèle, développé notamment par l'école interactionniste, a d'abord mis l'accent sur le fait que la rencontre entre le médecin et le malade se caractérise par un conflit résultant d'une divergence de perspectives et d'intérêts.

2.1 Professionnels, profanes et leur « conflit de perspectives »

Cette nouvelle analyse est surtout l'œuvre d'Eliot Freidson[12] dans son livre *La Profession médicale*. Nous avons vu dans un chapitre précédent (chapitre 2) que sa conception de ce qu'est une « profession » diffère de celle de Parsons. Pour Freidson, la médecine n'est pas caractérisée par son universalisme et son souci unique du bien du patient : la profession médicale est considérée comme l'un des nombreux groupes d'intérêts existant dans la société. L'intérêt personnel du médecin peut s'opposer à l'altruisme véhiculé par sa rhétorique professionnelle. Freidson montre en particulier que les codes éthiques et les lois régulant l'exercice médical, loin d'être seulement institués pour protéger le public, sont aussi des mécanismes qui protègent la profession des interférences du public et de la concurrence d'autres professionnels.

Selon Freidson, un conflit de perspectives est latent, et présent, à des degrés divers, dans toute relation médecin-malade. Le médecin perçoit le malade et ses besoins selon les catégories de son savoir spécialisé : attaché

12. E. Freidson, *La Profession médicale*, Payot, 1984.

à son autonomie professionnelle, il entend définir lui-même le contenu et les formes du service qu'il lui rendra. Le malade, en revanche, perçoit sa maladie en fonction des exigences de sa vie quotidienne et en accord avec le contexte culturel qui est le sien. Il voudrait que le médecin accepte sa propre définition de son problème. Dans le modèle de Freidson, il n'y a donc pas de consensus *a priori* entre le médecin et le malade et celui-ci n'est pas passif. Une culture différente de la culture professionnelle existe et a sa légitimité : la culture « profane ». Nous avons, dans le chapitre précédent, analysé comment les représentations sociales de la santé et de la maladie, enracinées dans la culture, coexistent avec les catégories du savoir médical mais peuvent aussi s'y opposer.

Toutefois, face au médecin, le malade est plus ou moins en mesure de faire prévaloir son point de vue. Ici interviennent moins des normes générales régulant uniformément les comportements que des contraintes variables, liées aux caractéristiques des situations dans lesquelles s'effectue la rencontre. Ainsi y a-t-il une pluralité de configurations de l'interaction malade-médecin. Elle varie d'abord selon les différents types d'activités médicales. Par exemple, écrit Freidson en reprenant les distinctions de Szasz et Hollander, la pédiatrie et la chirurgie reposent sur un modèle de relation « activité-passivité », en revanche, le traitement des maladies chroniques et la psychothérapie requièrent une « participation mutuelle ». Pour Freidson, la configuration « activité-passivité » a également plus de chances de s'imposer si le statut social du malade est bas et si la maladie dont il est atteint fait partie des maladies « stigmatisées » comme l'alcoolisme ou les maladies mentales.

Cependant, les rapports varieront également en fonction du contexte organisationnel dans lequel l'interaction se situe parce que « l'influence du client » s'y fait plus ou moins sentir. Ainsi Freidson montre-t-il toute la différence entre la situation du médecin de ville, du généraliste en particulier, qui dépend directement d'une clientèle locale choisissant ou non de s'adresser à lui et le médecin hospitalier qui reçoit surtout des malades qui lui sont adressés par d'autres médecins. Dans le premier cas, le médecin est « dépendant des clients », il sera donc sensible à leurs exigences et nécessairement moins éloigné de la culture profane qui est la leur. Le médecin hospitalier, au contraire, est « dépendant des collègues » et de leur seul contrôle. Chez lui, la culture professionnelle [13] l'emportera sans partage.

2.2 La construction sociale de la maladie

En outre, Freidson analyse différemment le pouvoir médical de désigner des individus comme malades. Pour Parsons, cette désignation est assimilable à la lecture par le médecin d'une réalité purement objective : le statut social de la maladie et du malade est en totale continuité avec l'état organique. Au contraire, pour Freidson, la réalité organique de la maladie et sa réalité sociale ne se confondent pas. Ainsi dans certains cas, des personnes peuvent présenter certains symptômes sans que ceux-ci donnent lieu à l'appellation « maladie » et donc sans se voir conférer le statut social de malade. Réciproquement, une personne diagnostiquée à tort comme malade, le devient de fait pour les autres et pour la société. Le savoir médical constitue donc plus qu'une lecture d'une réalité physique : en désignant et nommant le dysfonctionnement corporel, le médecin contribue à créer la réalité sociale de la maladie. De plus, au niveau le plus concret, ce sont les investigations, le diagnostic et les prescriptions médicales qui donnent forme et contenu à l'expérience quotidienne que les malades ont de leur état.

Il faut, en outre, avoir conscience du fait que désigner quelqu'un comme « malade » n'est pas neutre et peut avoir des conséquences défavorables pour lui. La norme médicale selon laquelle, dans le doute, mieux vaut diagnostiquer à tort une maladie que considérer un malade comme bien-portant peut être mise en question [14]. Les sociologues ont montré qu'il fallait distinguer entre l'existence d'un état ou d'un trait physique chez un indi-

13. E. Freidson, « L'influence du client sur l'exercice de la médecine », in C. Herzlich, *Médecine, maladie et société*, pp. 225-238.
14. Th. Scheff, « Règles de décision, types d'erreur et leurs conséquences sur le diagnostic médical », in C. Herzlich, *Médecine, maladie et société*, pp. 247-258.

vidu et sa signification. Ce sont les autres et, plus largement, la réaction sociale à cet état ou à cette caractéristique qui lui donnent le sens négatif d'une déviance. Pour la maladie, le jugement médical a, en principe, une fonction de légitimation. Ceci est vrai pour nombre d'entre elles mais, pour des raisons complexes et souvent liées à l'histoire, certaines font cependant l'objet d'une stigmatisation, en particulier si l'individu atteint peut paraître, d'une manière ou d'une autre, responsable de son état. Ce processus est désigné par la notion d'étiquetage élaborée initialement par Howard Becker. Pour cette analyse, les interactionnistes se sont appuyés, en particulier, sur le cas des maladies mentales dans lesquelles il est particulièrement clair que le diagnostic médical n'empêche pas toujours un jugement négatif sur l'individu concerné. L'étiquetage peut, de plus, interférer avec la classe sociale : ainsi, d'autres études ont-elles montré que suivant sa classe sociale, un individu a des chances très différentes d'être « étiqueté » comme malade mental [15].

Alors que, pour Talcott Parsons, le contrôle social par la médecine était bénéfique pour l'ensemble de la société, la plupart des travaux portant sur la médicalisation de la société ont insisté sur les dangers inhérents à cette fonction. Les médecins se sont en effet vu autorisés à porter des jugements moraux sur les problèmes de la vie privée, par exemple dans des domaines aussi intimes que celui de la sexualité. Le médecin apparaît donc également comme un « entrepreneur de morale » [16]. Or, écrit Freidson, le fait de disposer d'une compétence technico-scientifique ne permet pas de statuer sur des problèmes moraux qui concernent les seuls malades.

Cependant, ces mises en garde, justifiées dans leur fondement, ont parfois débouché sur une dénonciation unilatérale et simplificatrice du « pouvoir médical » [17]. Dans les écrits centrés sur ce thème, l'accent a été

15. Sur le thème de l'étiquetage des malades mentaux voir : T. Scheff, *Being Mentally Ill*, Aldine Publishing Co., Chicago, 1966 et *Labelling Madness*, Prenctice Hall Inc, Englewood Cliffs N.J., 1975.
16. E. Freidson, *op. cit.*
17. Le livre d'Ivan Illich, *Némésis médicale, l'expropriation de la santé*, Paris, Seuil, 1975, qui a connu un énorme succès mondial, a popularisé cette dénonciation.

mis, sans nuances, sur une toute-puissance médicale, considérée comme scandaleuse mais néanmoins comme immuable. Dans une telle conception, le malade se trouve de nouveau réduit à n'être que l'objet d'une oppression et l'idée d'une quelconque influence du patient ou de son activité dans l'interaction est inconcevable. Or, de nombreux travaux mettent au contraire en évidence une pluralité de contextes de rencontre et une diversité des formes de relation. Le malade est tantôt un pur objet de la pratique médicale tantôt un consommateur exigeant. Les formes de la relation vont donc de la domination active du médecin sur un patient passif à diverses formes de négociation entre deux partenaires ayant chacun son point de vue à faire valoir et disposant de ressources pour cela.

3. L'IMPORTANCE DE LA NÉGOCIATION ET LA PLURALITÉ DES MODES DE RELATION MÉDECIN-MALADE

Depuis quelques années, de nouveaux paradigmes se sont développés. Ils visent moins à trancher l'opposition entre consensus et conflit qu'à mettre en évidence une pluralité de modalités d'interaction, de modèles de référence possibles et de ressources accessibles aux différents protagonistes des relations médecin-malade. Outre ce changement de perspective théorique, la recherche est aussi devenue plus proche du terrain et s'est fondée, par exemple, sur de minutieuses observations dans le cadre hospitalier ou sur l'analyse linguistique des interactions verbales entre le malade et son médecin. En outre, la prise en compte de la situation particulière des maladies chroniques qui deviennent de plus en plus nombreuses, a fortement influencé la façon d'appréhender la relation médecin-malade. Dans ce type d'affections, le malade doit presque toujours participer activement à son traitement, acquérir un savoir et même, dans certains cas, la maîtrise de techniques assez complexes qu'il ne doit pas craindre d'appliquer sur son propre corps. C'est le cas des diabétiques insulino-dépendants, des hémophiles ou de certains insuffisants rénaux qui se traitent à domicile par hémodialyse. Dans toutes ces situations, un certain transfert de compétences s'opère du médecin au patient ; le malade « auto-soignant » et le médecin se trouvent en position plus égalitaire et le modèle de la négociation correspond beaucoup mieux à ce type de relations.

3.1 Le modèle de l'ordre négocié

Le modèle de « l'ordre négocié » élaboré par Anselm Strauss et ses collaborateurs dépasse le seul cadre des relations médecin-malade. Il a d'ailleurs été utilisé pour des situations sociales très diverses, ce qui montre ici encore le caractère paradigmatique des travaux de sociologie de la médecine. Dans le contexte médical, le modèle entend en particulier rendre compte des relations entre les différentes catégories de personnel hospitalier. Strauss analyse comment, dans un hôpital psychiatrique[18], des accords se font sur la meilleure conduite à tenir pour le traitement des malades entre des interlocuteurs qui sont tous actifs dans la situation. Il montre l'importance, pour la réalisation de ces accords, des processus de marchandage, dans lesquels aucun des partenaires n'a, *a priori*, une suprématie définitive. C'est l'une des caractéristiques de l'hôpital psychiatrique que le personnel subalterne qui connaît bien les patients puisse avoir son opinion sur « ce qui est mieux pour eux ». La négociation, considérée comme mode de régulation des relations sociales, possède deux autres caractéristiques : d'abord, l'objectif à atteindre n'est pas prédéterminé mais se constitue dans la négociation elle-même. Ensuite, l'accord obtenu et l'ordre qui se met en place sur cette base ne sont jamais définitifs ; ils peuvent toujours être remis en question ultérieurement et redéfinis. La dimension temporelle est ainsi essentielle dans tout processus de négociation. Enfin, même dans une situation où les « professionnels », au sens anglo-saxon du terme, dominent, les malades interviennent également dans ce processus de négociation. En observant de près les malades « évoluant » à l'hôpital, Strauss s'est aperçu qu'ils négo-

18. A. Strauss *et al.*, « L'hôpital et son ordre négocié », in : *La Trame de la négociation : sociologie qualitative et interactionnisme*, Textes réunis par I. Baszanger, Paris, L'Harmattan, 1992.

cient pour obtenir, non seulement des privilèges, mais aussi des informations précieuses et pertinentes pour leur propre compréhension de leur maladie.

Du point de vue de la rencontre du médecin et du malade, l'intérêt de la notion de négociation est de permettre d'envisager la rencontre comme « ouverte », chaque partenaire pouvant influencer son déroulement et ses résultats. Il ne s'agit pas, pour autant, de dénier l'important poids du médecin. L'information dont il dispose, du fait de sa compétence technique, joue ici un rôle crucial. On mesure précisément son influence à partir de l'analyse des échanges linguistiques dans les consultations médicales. Plusieurs études montrent que non seulement le médecin a la maîtrise des réponses aux questions du malade mais aussi qu'il structure l'interaction en formulant le plus grand nombre des questions orientant le dialogue. De nombreuses études prouvent cependant que cette situation n'est pas définitivement installée et que le malade, ou sa famille, disposent d'atouts pour intervenir dans cette dynamique. Ainsi, une recherche du sociologue anglais Patrick West[19], portant sur des parents consultant un médecin pour leur enfant épileptique, met bien en évidence cette évolution temporelle. Lors de la première consultation, le médecin a pleinement l'initiative, il contrôle la situation et les parents sont passifs. À partir de la troisième rencontre, en revanche, les parents prennent un rôle actif et orientent eux aussi, dans une large mesure, les échanges. Médecins et parents ont alors, les uns et les autres, une position également forte, même si elle est parfois conflictuelle, dans la discussion des décisions à prendre autour de l'enfant malade.

3.2 Les relations avec le médecin hors du cadre thérapeutique

Toutes les rencontres avec le médecin n'ont pas pour but de se faire soigner. Le médecin peut avoir une fonction préventive. Il peut aussi jouer un rôle d'expert : auprès des tribunaux ou dans la médecine du travail par exem-

19. P. West, « The Physician and the Management of Childhood Epilepsy », in M. Wadsworth and D. Robinson, *Studies in Everyday Medical Life*, London, Martin Robertson, 1976.

ple. Dans ce cas, le jugement porté sur l'état de santé de la personne ne doit pas déboucher sur une thérapeutique mais doit permettre de trancher sur des problèmes litigieux : l'état mental de tel criminel amène-t-il à atténuer sa responsabilité ? Telle personne est-elle physiquement capable d'assumer une certaine tâche professionnelle ? L'étude de ces situations permet de montrer que l'engagement du médecin dans des situations différentes du modèle clinique classique se traduit par un changement de ses positions par rapport à celui qui n'est plus, ou plus seulement, un malade. Ainsi dans une étude portant sur les médecins du travail, Nicolas Dodier[20] montre bien la diversité des modèles de référence qui sous-tendent implicitement les activités auxquelles ils se livrent : ils donnent des avis sur l'aptitude au travail des salariés mais établissent aussi des règles de sécurité dans les entreprises, évaluent des risques, font des enquêtes sur la santé des travailleurs. Dans ces diverses tâches, ils utilisent différents modèles de jugement, qui peuvent d'ailleurs se combiner, et attribuent diffférents statuts aux individus qu'ils rencontrent professionnellement. Ceux-ci peuvent être appréhendés plutôt dans leurs caractéristiques collectives, comme membres d'une population d'appartenance, s'il s'agit de déterminer par une enquête les risques qui pèsent sur eux. Le médecin peut encore les percevoir dans la singularité de leurs sympômes cliniques lorsqu'il les examine lors d'une visite périodique. Le médecin peut soit les traiter en sujets autonomes libres d'arbitrer entre les différents risques de leur situation de travail, soit ne voir en eux que des individus souffrants dont il s'efforcera de satisfaire les demandes.

Avec l'intervention de plus en plus fréquente du médecin dans les secteurs les plus variés de la vie sociale, comme avec le développement de nouvelles formes de médecine telles que la médecine prédictive, les rencontres de chacun de nous, malade ou bien-portant, avec la médecine vont sans doute prendre des formes plurielles et de plus en plus complexes. Les sociologues ne peuvent qu'être attentifs à ce renouvellement et à cette diversification.

20. N. Dodier, *L'Expertise médicale*, Paris, A.M. Métailié, 1992.

6

L'HÔPITAL COMME ORGANISATION ET LIEU DE PRODUCTION DU TRAVAIL MÉDICAL

La rencontre des malades et de la médecine s'effectue aussi, et de plus en plus, dans les institutions hospitalières. Les hôpitaux occupent aujourd'hui une place centrale dans le système de santé mais aussi dans l'économie du pays. Au 1er janvier 1991, le parc hospitalier comprenait 3 819 établissements et sa capacité d'accueil s'élevait à 694 194 lits. Dans ce dispositif, l'hôpital public occupe une place centrale, sa capacité d'accueil étant deux fois plus importante que celle du privé. Ainsi, l'hôpital a été un extraordinaire créateur d'emplois : 972 302 personnes y travaillent, dont 689 700 dans le secteur public, qui, outre les soins, accomplissent également des tâches éducatives, techniques et administratives [1].

Le système hospitalier actuel est le produit d'une longue histoire. En France, les premiers hôpitaux sont créés au Moyen Âge par l'Église : ce sont des « Maisons-Dieu ». En un temps où misère, maladie et infirmité sont étroitement associées, ce sont surtout des lieux d'asile. Les médecins en sont presque absents et le plus grand remède est avant tout de nourrir les malades. Mais le pouvoir royal s'inquiète de cette population marginale : il crée en 1656 à Paris l'Hôpital général qui regroupe sous une administration unique les divers établissements destinés aux infirmes, aux malades pauvres, aux mendiants ainsi qu'aux vieillards de la capitale, tous

1. Pour une présentation plus détaillée du système d'emplois hospitalier, voir F. Acker et G. Denis, « Les Professionnels de santé », *Encyclopédie Rome*, ANPE, La Documentation française, à paraître en 1994.

poursuivis et internés par une milice particulière : les archers des Hôpitaux. La bienfaisance se double donc de contrôle social[2].

C'est au cours de la Révolution que l'influence de l'Église décroît à l'hôpital. Tandis que s'impose l'idée d'une responsabilité de l'État en matière de santé, commence à s'y substituer celle des pouvoirs publics, surtout celle des communes. Parallèlement, la naissance de la clinique, à l'origine de la médecine moderne (cf. chapitre 2) va peu à peu transformer le visage de l'hôpital. À partir du XIXe siècle, sa vocation médicale s'affirme. Néanmoins, sa fonction première est toujours l'assistance aux indigents de la commune. Ce n'est que depuis le milieu du XXe siècle que l'hôpital, devenu grâce au développement médical, scientifique et technique, un lieu de soins sophistiqués, sera ouvert à tous. En 1958, la création des Centres hospitaliers universitaires (C.H.U.) et l'institution d'un statut de médecin hospitalier à plein temps entérinera cette évolution[3] et donnera aux grands hôpitaux le visage que nous leur connaissons encore aujourd'hui.

Les premiers travaux sociologiques sur l'hôpital se sont amorcés au lendemain de la Seconde Guerre mondiale dans le contexte général d'un essor hospitalier sans précédent. Aux États-Unis, ils sont principalement d'inspiration fonctionnaliste et s'intéressent, à partir des années cinquante, aux fonctions générales de l'hôpital. Avec les recherches interactionnistes se développent ensuite des travaux plus empiriques réalisés sous l'influence de Everett Hughes, par Erving Goffman et Anselm Strauss. En France, ce n'est qu'au début des années soixante-dix que l'hôpital, récemment rénové, devient le premier objet auquel s'intéressera la sociologie de la médecine[4].

Ces travaux, qui portent non seulement sur l'hôpital général mais aussi fréquemment sur l'hôpital psychiatrique, sont parcourus par trois thèmes centraux : celui de la fonction thérapeutique de l'hôpital, celui de l'hôpital

2. Voir M. Foucault, *Histoire de la folie à l'âge classique*, Paris, Gallimard, 1961.
3. Voir H. Jamous, *Sociologie de la décision ; la réforme des études médicales et des structures hospitalières*, Paris, Éditions du CNRS, 1968.
4. Pour un exemple de ces premiers travaux, voir le numéro spécial de la *Revue Française de Sociologie*, « Sociologie de la médecine » paru en 1973.

comme organisation et, enfin, celui de l'hôpital comme lieu de production du travail médical.

1. Réflexions autour de la fonction thérapeutique de l'hôpital psychiatrique

Le modèle théorique fonctionnaliste, dominant après la Seconde Guerre mondiale dans tous les domaines de la sociologie, analyse chaque institution à partir des fonctions sociales qu'elle remplit. Ainsi, dès 1951, période du plus grand développement des structures hospitalières, Talcott Parsons et Renée Fox[5] avaient émis l'hypothèse qu'avec le développement de la médecine moderne et la spécialisation des tâches dans les sociétés industrielles, le soin des malades allait, pour l'essentiel, sortir du cadre familial pour s'effectuer à l'hôpital.

Dans un article ultérieur[6] portant sur l'hôpital psychiatrique et dont l'ambition est plus générale, T. Parsons définit les attentes très fortes envers cette institution qui existent au sein de la société. On attend d'abord qu'il fournisse une thérapie. Cependant, les hôpitaux psychiatriques remplissent également d'autres fonctions. Ils permettent de mettre sous bonne garde des patients dangereux pour eux-mêmes ou pour les autres, mais ils contribuent aussi à resocialiser les patients afin qu'ils puissent un jour retourner au sein de la société et accomplir leurs rôles sociaux. Ainsi, le modèle fonctionnaliste appréhende l'hôpital, d'une part, comme une réponse plus ou moins efficace à des besoins thérapeutiques et, d'autre part, en termes de contrôle social.

Cette réflexion sur l'hôpital psychiatrique doit aussi être resituée dans le contexte plus général des débats d'idées qui émergent après la Seconde Guerre mondiale autour des notions de « milieu thérapeutique » aux États-Unis et de « communauté thérapeutique » en Grande-Bretagne. Elle

5. T. Parsons, R.C. Fox, « Illness, Therapy and the Modern Urban Family », *Journal of Social Issues*, 1951, 8, pp. 31-44, traduit dans F. Steudler, *Sociologie médicale*, pp. 157-179.
6. T. Parsons, « The Mental Hospital as a Type of Organisation », in M. Greenblatt, D. Levinson and R. Williams (éds.), *The Patient and the Mental Hospital*, Free Press, Chicago, 1957.

s'inscrit dans une longue tradition qui est celle du psychiatre français Philippe Pinel qui brise les chaînes des malades mentaux et qui, à l'époque de la Révolution française, prône les vertus du « traitement moral ». Dans les années cinquante, la réflexion tente de définir ce qu'est la véritable fonction thérapeutique au sein des institutions psychiatriques. On prend en effet conscience du fait que l'hospitalisation a souvent un impact néfaste sur le malade ; dès lors, se manifeste une volonté de réforme de l'hôpital psychiatrique[7].

Un des ouvrages se rattachant à ce courant est celui de Alfred Stanton et Morris Schwartz[8]. Ses auteurs, un psychiatre et un sociologue, suggèrent que certaines manifestations pathologiques traditionnellement appréhendées comme le seul résultat d'un trouble mental (« l'excitation pathologique ») sont le produit direct de désordres repérables dans l'environnement social hospitalier et, plus précisément, des désaccords latents qui surviennent entre les divers membres de l'équipe hospitalière. Les malades sont perturbés parce qu'ils reçoivent des consignes contradictoires concernant leur traitement, ou bien parce qu'ils sont devenus le centre d'un conflit entre plusieurs soignants. Selon les auteurs, le milieu social hospitalier peut « causer un symptôme ». Cependant, leur description de l'état d'excitation pathologique demeure, comme ils le soulignent eux-mêmes, une description psychiatrique classique. Le point de vue nouveau consiste seulement dans l'affirmation de sa dépendance par rapport aux conflits du milieu social environnant.

L'ouvrage de Alfred Stanton et Morris Schwartz, se voulait une arme de combat. Il se rattache au courant d'idées selon lequel il faut remplacer la structure répressive de l'hôpital psychiatrique par celle d'un « hôpital

7. Pour l'évolution historique de la psychiatrie, qu'il est impossible de traiter ici, voir les travaux de Robert Castel, en particulier : *L'Ordre psychiatrique, l'âge d'or de l'aliénisme*, Éditions de Minuit, Paris, 1976 et *La Gestion des risques, de l'anti-psychiatrie à l'après-psychanalyse*, Éditions de Minuit, Paris, 1981.

8. A. Stanton and M. Schwartz, *The Mental Hospital*, Basic Books, New York, 1954. On peut se reporter à l'extrait traduit : « Excitation pathologique et désaccords latents entre membres du personnel hospitalier », in Cl. Herzlich, *Médecine, maladie et société*, pp. 118-123.

ouvert ». L'amélioration du fonctionnement de cette institution peut en effet contribuer à guérir le malade.

Cependant, les résultats de la recherche d'Erving Goffman mettent en cause la réalité d'une fonction thérapeutique de l'hôpital. Son étude s'appuie sur une observation participante, menée principalement à l'hôpital psychiatrique Sainte-Elisabeth de Washington[9], et met en évidence les similitudes entre le fonctionnement de l'institution psychiatrique et celui des prisons ou des monastères. Il développe ainsi une analyse de « l'asile » comme « institution totalitaire » et montre son impact destructeur sur la vie des personnes internées. Ainsi, Goffman refuse l'interprétation psychiatrique de la situation et se place délibérement du point de vue du « reclus ». Il analyse le comportement du malade, non en termes de symptômes mais en termes de « carrière du malade », c'est-à-dire comme un ensemble d'essais d'ajustement à l'institution totalitaire. Cependant, si l'analyse repose sur cet idéal-type, l'auteur montre aussi que celui-ci ne parvient pas à imposer totalement son emprise sur les individus. Une vie souterraine ou clandestine existe dans les hôpitaux psychiatriques. Un des points centraux de l'analyse est de montrer comment le malade élabore des mécanismes d'adaptation secondaires qui préviennent l'aliénation totale de son moi.

C'est donc en mettant en question le caractère médical de l'institution que Goffman révèle le mieux sa fonction sociale ; c'est à travers le refus d'envisager l'interné comme un « malade » que la condition qui lui est faite dans la société prend tous son sens.

2. L'HÔPITAL COMME ORGANISATION

Les aspects organisationnels de l'hôpital ont également suscité une abondante littérature. Pour appréhender cette réalité, on a d'abord utilisé le

9. E. Goffman, *Asiles*, Paris, Éditions de Minuit, 1968 (traduction de *Asylums*, New York, Doubleday, 1961).

modèle de Max Weber d'analyse de la bureaucratie [10]. Celui-ci repose sur plusieurs idées : celle d'une hiérarchie de pouvoir allant de la base au sommet, celles de la primauté des règles impersonnelles et d'une orientation de la structure en fonction de certains buts prédéfinis. Cependant ce modèle est vite apparu inadapté pour analyser l'hôpital et a donné lieu à diverses reformulations critiques.

2.1 Les reformulations du modèle wéberien

Le modèle wéberien ne parvient pas à rendre compte du fait que les divers acteurs intervenant à l'hôpital n'obéissent pas à une autorité unique et hiérarchique. Rapidement, les travaux sociologiques mettent l'accent sur l'existence de deux « lignes d'autorité » au sein de l'hôpital [11]. La première, de type bureaucratique, est représentée par l'administration hospitalière, la seconde, de type charismatique/traditionnelle est représentée par les médecins.

Cependant, cette reformulation n'est pas totalement satisfaisante. Au niveau microsocial du fonctionnement hospitalier, la notion d'une dualité d'autorité ne suffit pas à rendre compte de la réalité : ni les règles bureaucratiques, ni l'autorité du corps médical ne spécifient les modalités d'action de chaque intervenant. Ainsi, dans les équipes, tous les membres exercent une part de jugement ; un certain degré de concertation sur les actions à mener existe souvent. C'est à partir de ces observations que le modèle fondé sur la notion d'ordre négocié a été développé par A. Strauss (Cf. chapitre 5).

Sur le plan macrosocial, l'opposition entre le charisme du médecin et la routine bureaucratique est également insuffisante. L'hôpital moderne, surtout l'hôpital public qui inclut une multiplicité d'acteurs, est en rapport avec un environnement diversifié (ses divers types de clientèle mais aussi

10. M. Weber, *Économie et société*, Paris, Plon, 1965.
11. H.L. Smith, « Two Lines of Authority : the Hospital Dilemna », dans E. Gartly Jaco (Ed.), *Patients, Physicians and Illness*, New York, 1958 (trad. franç. dans C. Herzlich, 1970, pp. 259-262).

les représentants des pouvoirs locaux et ceux de l'État). Dès 1974, une recherche de François Steudler[12] cherchait précisément à rendre compte du fait que « l'hôpital est lui-même un enjeu d'acteurs dont les politiques ne peuvent seulement être circonscrites au niveau hospitalier. Il convient donc de dépasser le niveau de l'"organisation" (système des rapports internes au niveau de l'hôpital et des services) pour se situer au niveau de l'institution qui inclut des acteurs externes comme l'État[13]. » Pour cet auteur, l'hôpital public contemporain, en particulier le centre hospitalier universitaire, était le lieu d'affrontement de deux logiques : la logique scientifique et technique du corps médical et la logique rationalisatrice qui est celle de l'État, incarnée au niveau local par l'administration hospitalière. Leurs rapports sont marqués par ces orientations conflictuelles : les pressions des médecins poussant à l'accroissement du nombre des actes techniques et à la multiplication des spécialités médicales peuvent-elles entraver les efforts rationalisateurs liés à l'importance accrue de l'hôpital dans l'économie et aux exigences de son financement par la collectivité qui nécessitent une planification stricte ?

2.2 L'hôpital comme enjeu dans les sociétés modernes

Depuis cette date, ces problèmes n'ont fait que croître en complexité. Tous les auteurs ayant travaillé sur ces questions ont été sensibles à la diversité des logiques qui se côtoient ou s'affrontent, parfois chez les mêmes personnes. Ainsi le médecin hospitalier veut-il à la fois soigner chacun de ses malades individuels et faire progresser la science mais il doit de plus tenir compte des contraintes budgétaires, être un « manager » autant qu'un « mandarin »[14]. Surtout, l'hôpital public constitue aujourd'hui pour les États modernes un enjeu économique et social majeur du fait de son rôle

12. F. Steudler, *L'Hôpital en observation*, A. Colin, Paris, 1974.
13. *Ibid.*, p. 54.
14. Voir, sur ce plan, M. Binst, *Du Mandarin au manager hospitalier*, Paris, l'Harmattan, 1990.

dans la prise en charge des affections lourdes et par suite du développement de techniques de plus en plus sophistiquées entraînant des investissements financiers considérables. La question centrale devient alors : les ressources investies le sont-elles de façon optimale pour la collectivité en termes de qualité et d'accessibilité des soins ?

Les travaux qui se sont développés autour de ces différentes questions ne sont pas uniquement sociologiques. Dans des perspectives normatives et interventionnistes, l'économie et la gestion ont tenté de fournir des instruments, non seulement pour l'analyse, mais aussi pour la régulation et la planification du système hospitalier. Ainsi a-t-on pu étudier les effets, dans douze hôpitaux français, de l'introduction de nouveaux modes de financement comme le « budget global » [15]. Cet outil financier permet-il, à qualité de soins égale, une meilleure régulation des dépenses ? Les auteurs concluent que non et leur analyse rejoint la nécessité de prendre en compte sociologiquement la complexité du jeu des acteurs : les médecins et les directions hospitalières. « Il n'est pas possible, écrit Gérard de Pouvourville, de dissocier une discussion technique des usages qui sont faits d'un outil dans ce contexte sociétal donné [16]. »

Des sociologues se sont, eux aussi, situés dans une perspective pragmatique d'amélioration du fonctionnement hospitalier. Ce courant, dont l'ouvrage de Françoise Gonnet [17] est représentatif, répond à une demande formulée directement par les institutions hospitalières. L'auteur, qui se définit comme une « praticienne en sociologie des organisations », part du constat d'une crise de l'hôpital, repérable notamment au niveau des relations de travail. Elle se propose, en s'inspirant des travaux de Michel Crozier, de définir « les modalités du changement conduisant à de véri-

15. F. Engel, J.-C. Moisdon, D. Tonneau, « Contrainte affichée ou contrainte réelle ? Analyse de la régulation du système hospitalier français », *Sciences Sociales et Santé*, numéro spécial « Gérer l'hôpital : outils et modes d'emploi », 1990, vol. VIII, n° 2, pp. 11-32.
16. G. de Pouvourville, *Sciences sociales et santé*, Avant-propos au numéro spécial « Gérer l'hôpital : outils et modes d'emploi », pp. 5-9.
17. F. Gonet, *L'Hôpital en question(s). Un diagnostic pour améliorer les relations de travail*, Éditions Lamarre, Paris, 1992.

tables améliorations ». Selon l'auteur, celles-ci ne peuvent avoir lieu que si les acteurs parviennent à s'approprier les résultats de l'enquête. Trois études de cas (un hôpital intercommunal, un service de pédiatrie infantile et un département de médecine interne) alimentent cet ouvrage et donnent lieu à une comparaison systémique.

3. L'HÔPITAL COMME LIEU DE PRODUCTION DU TRAVAIL DE SOINS

Les recherches concernant l'hôpital, souvent menées sur la base d'observations, ont été l'occasion d'étudier un autre problème important : le travail de soins lui-même. Même s'il est étroitement relié aux caractéristiques des professionnels et aux facteurs organisationnels, il ne faut le confondre, ni avec la relation médecin-malade, ni avec le fonctionnement hospitalier, ses lignes d'autorité, ses négociations internes ou les enjeux qui s'y attachent dans la société globale. Cette analyse est intéressante de trois points de vue : 1) le travail de soins a pour spécificité de ne pas s'effectuer sur un matériau inerte mais sur des être humains ; 2) il prend des formes extrêmement variées, plus ou moins valorisées selon que les tâches sont réalisées par les médecins, les aides-soignantes ou les agents hospitaliers, etc. Enfin, 3) le travail proprement médical dans ses aspects les plus techniques et innovateurs est fréquemment marqué par un haut niveau d'incertitude et un caractère problématique.

3.1 Des travaux plus ou moins valorisés : « travail respectable » et « sale boulot »

Le sociologue E. Hughes[18] a proposé de distinguer dans l'ensemble des travaux qu'exige la vie sociale, une catégorie particulière qu'il nomme le « sale boulot ». Il s'agit de travaux ayant pour objet soit certains aspects

18. E.C. Hughes, « Social Role and the Division of Labor », *The Sociological Eye. Selected Papers*, Transaction Books, 1984 (1971), pp. 304-310.

de la vie domestique (vider les poubelles), soit les soins du corps dans leurs aspects déplaisants (vider les bassins des malades, par exemple). Le terme de « sale boulot » doit donc être entendu d'abord au sens strict mais, sur un autre plan, en termes de valorisation sociale, il s'oppose aussi au travail « respectable » et les deux types de travail sont accomplis par des acteurs différents.

L'hôpital est un lieu où cette division particulière du travail est particulièrement pertinente. On peut y observer des métiers et des tâches au contenu très contrasté : à côté des professionnels qui expérimentent de nouveaux traitements ou qui manipulent des techniques de pointe, d'autres agents considérés comme sans compétences professionnelles font la toilette des malades. L'auteur montre dès lors que le prestige des professionnels est le résultat d'une « division morale du travail », les tâches les moins nobles ayant été déléguées aux employés subalternes : la délégation s'effectue du médecin vers l'infirmière, puis de l'infirmière vers les aides-soignantes. Ainsi, de nouvelles fonctions se créent en bas de la hiérarchie pour prendre en charge les tâches abandonnées par les individus connaissant une ascension professionnelle.

Une recherche de Jean Peneff, qui a étudié par observation participante [19] un service des urgences d'un hôpital de l'Ouest de la France, présente une description extrêmement riche du travail des catégories sociologiquement les moins connues du monde hospitalier – les brancardiers, les aides-soignantes, les infirmières – qui réalisent une part importante de ce sale boulot. Le sociologue en décrit les différents aspects : la saleté, les odeurs, la charge physique, les atteintes à la pudeur du malade. Dans un tel service, ce travail est caractérisé en outre par une contrainte extrêmement forte : l'alternance entre la routine et des situations d'urgence, lors de l'arrivée soudaine d'un malade grave, avec les changements de rythme incessants qu'elle impose aux travailleurs non médecins et médecins. Cependant, en contrepartie, l'urgence abolit pour un instant les hiérarchies quotidiennes.

19. Il a travaillé pendant un an comme brancardier bénévole. J. Peneff, *L'Hôpital en urgence*, Paris, Métailié, 1992.

Une forme de coopération nouvelle, plus égalitaire, s'instaure entre des personnes vivant une « situation d'exception ».

Un des aspects essentiels de cet ouvrage, est de montrer, à travers le cas d'un service d'urgence, la permanence des dimensions d'assistance dans l'histoire de l'hôpital. L'émergence de la haute technologie médicale doublée d'une hyperspécialisation pouvait faire croire à sa disparition. C'est ce qu'ont montré diverses études effectuées durant les années 1970 : la spécialisation d'un service allait de pair avec une sélection de la clientèle, centrée sur la recherche du « beau cas » au détriment des malades « tout-venant » et des plus démunis recherchant dans l'hôpital un lieu d'assistance[20]. Les travaux montraient en effet que la division technique du travail, et la sélection des malades qui lui est liée, se doublait d'une division sociale affectant à la fois les lieux de soins, les professionnels et les malades. Une recherche d'Antoinette Chauvenet publiée en 1978[21] mettait en évidence que, quelle que soit l'affection dont ils souffraient, les cadres et membres des professions libérales avaient davantage de chances d'être traités dans les services spécialisés des CHU, tandis que les ouvriers non qualifiés, les ouvriers agricoles et les cas sociaux étaient massivement hospitalisés dans les hôpitaux locaux, les hôpitaux psychiatriques et les hospices, ou dans les services non spécialisés des grands hôpitaux. Les filières de soins se révélaient ainsi socialement hiérarchisées.

Aujourd'hui, ce sont les services d'urgence qui jouent le rôle de lieux d'accueil ouverts à tous et de lieux d'assistance. Cette fonction, contrairement à ce que l'on a cru, reste indispensable : en fait, la clientèle venant se faire soigner par les technologies de pointe ne représente que 10 % des entrants tandis que la nécessité d'assistance subsiste pour tout un ensemble de personnes (malades psychiatriques, SDF, personnes ayant tenté de se suicider, alcooliques...) et tandis que d'autres tendent de plus en plus à utiliser les services d'urgence à la place du recours au médecin généraliste.

20. C. Herzlich, « Types de clientèle et fonctionnement de l'institution hospitalière », *Revue française de sociologie*, XIV, 1973, pp. 41-59.

21. A. Chauvenet, *Médecines au choix, médecine de classe*, Paris, PUF, 1978.

3.2 Le travail sur les trajectoires de maladies

L'activité de soins qui se déploie dans le temps autour du malade et sur sa personne est désignée par le sociologue américain A. Strauss[22] et son équipe par la notion de « travail sur la trajectoire de maladie ». Selon cet auteur, le « terme de trajectoire fait non seulement référence à l'évolution sur le plan physiologique de la maladie de tel patient mais également à toute l'organisation du travail déployée pour suivre ce cours, ainsi qu'au retentissement que ce travail et son organisation ne manquent pas d'avoir sur tous ceux qui s'y trouvent impliqués[23]. » Ceux-ci peuvent en effet être nombreux et divers : la prise en charge hospitalière de pathologies graves exige le concours de plusieurs spécialités médicales et met en contact plusieurs types d'intervenants (médecins, infirmières, kinésithérapeutes, diététiciens, techniciens en charge des machines, etc.).

Le plus souvent, pour chaque type de maladie, la séquence des différents actes médicaux à accomplir s'impose, tout comme une certaine répartition des tâches entre ceux qui travaillent. Cependant, il existe des cas où les intervenants doivent faire face au caractère contingent, imprévisible, du cours de la maladie ou encore à des réactions psychologiques inattendues du malade. Le travail médical s'applique en effet à du « matériau humain » qui n'est pas inerte mais qui, au contraire, réagit. L'équipe est dès lors amenée à réaliser des formes de travail très spécifiques liées à cette caractéristique du matériau humain et qui ne sont visibles que pour l'observateur attentif. Le travail de l'infirmière consiste notamment à gagner la confiance du malade avant un examen douloureux. Un travail « de sécurité » consiste à vérifier les procédures et les appareils, un « travail sentimental » répond enfin aux aspects émotionnels de la situation du malade, etc. Le travail médical hospitalier est fait de la juxtaposition extrêmement complexe de

22. A. Strauss et al., *The Social Organization of Medical Work*, Chicago, The University of Chicago Press, 1985.
23. *La Trame de la négociation*, p. 154.

ces travaux multiples qui doivent de plus être coordonnés. Ce sera le rôle du « travail d'articulation » nécessaire au succès de l'ensemble.

Les observateurs n'ont pas toujours su voir que les malades ne font pas que réagir au traitement, mais qu'ils peuvent, eux aussi, sous diverses formes, participer effectivement au travail médical : pour assurer leur propre confort, pour contrôler le fonctionnement des appareils, pour repérer les erreurs des équipes soignantes. En dépit de toutes ces activités, les patients ne sont pas facilement perçus par le personnel comme produisant un travail effectif. Pour le sociologue, au contraire, il est évident que chaque fois qu'un patient « participe », il doit être considéré comme un élément important de la division du travail hospitalier.

L'analyse fine des diverses formes du travail médical montre encore, sur un autre plan, la diversité de ses objectifs, de son organisation, des ressources qui sont mobilisées dans les interventions. Une étude d'Isabelle Baszanger[24], portant sur les consultations spécialisées dans les problèmes de la douleur chronique, et adoptant la même perspective théorique interactionniste qu'A. Strauss et son équipe, montre bien que peuvent cohabiter, en particulier autour de situations ou pathologies problématiques, comme l'est la douleur chronique, des dispositifs très différents d'interventions qui remettent en cause l'idée d'un modèle unique du travail médical.

3.3 L'innovation thérapeutique et l'incertitude médicale

Bien qu'elle s'inscrive dans une perspective théorique parsonienne différente de celle de Strauss, la sociologue Renée Fox[25] met également l'accent sur la possibilité d'un rôle actif du patient dans le cadre hospitalier. L'objet

24. I. Baszanger, « Déchiffrer la douleur chronique. Deux figures de la pratique médicale. », *Sciences sociales et santé*, juin 1991, vol. IX, n° 2. On définit comme douleur chronique une douleur persistante dont on ne connaît pas la cause et qui se révèle rebelle aux traitements.
25. Voir en particulier, R.C. Fox, *Experiment Perilous, Physicians and Patients Facing the Unknown*, The Free Press, 1959, et R.C. Fox et J. Swazey, *The Courage to Fail*, The University of Chicago Press, Chicago and London, 1974.

central de ses recherches qui se sont étendues sur plusieurs décennies est constitué par l'ensemble des processus d'innovation médicale qui s'effectue dans certains services hospitaliers de pointe comme la mise au point des thérapeutiques par dialyse, les premières greffes d'organes, les premières tentatives de cœur artificiel ou encore les premiers essais de médicaments comme la cortisone ou la cyclosporine. Dans tous ces cas, le médecin, qui est aussi un chercheur, est confronté au problème que R. Fox appelle le « dilemme entre expérimentation et thérapeutique » : il doit, pour tester l'efficacité de son innovation, l'expérimenter sur l'homme tout en étant encore dans l'incertitude quant à sa valeur thérapeutique. Dans ce cas, l'objectif du médecin est nécessairement double : traiter le malade mais aussi poursuivre sa recherche. De son côté, le malade qui accepte de participer à de telles expérimentations sait que la démarche médicale n'a pas pour seul but sa guérison mais aussi les progrès de la connaissance.

Renée Fox a bien analysé la spécificité de ces situations du point de vue des rapports qui se nouent entre tous les acteurs et du fonctionnement des structures hospitalières. Elle montre que la dimension essentielle en est l'incertitude et la prise de risque. Les innovations thérapeutiques amènent médecins et malades à s'engager dans un domaine inconnu qui peut être aussi dangereux que prometteur. R. Fox montre que, dans ces cas, des microcultures hospitalières se créent, marquées d'abord par une position spécifique accordée au malade. Celui-ci, objet de l'expérimentation, en vient néanmoins à faire pratiquement partie de l'équipe médicale. Parfaitement informé de son état, participant aux décisions, il est traité en « collègue » par les soignants. En second lieu, tous les membres de l'équipe, malades et médecins, doivent développer les moyens de maîtriser l'angoisse qu'entraînent ces situations : différentes réactions (par exemple des paris sur les chances de succès d'une innovation thérapeutique à haut risque) s'assimilent à des quasi-rituels introduisant une forme de magie que Renée Fox dénomme une « magie scientifique » au sein d'une activité médicale.

L'étude de ces innovations a aussi des implications plus larges : elle débouche sur l'ensemble des problèmes éthiques que pose aujourd'hui l'expérimentation médicale appliquée à l'être humain. Les transplantations d'organe reposent sur un don de personne à personne, le développement du cœur artificiel met en cause des représentations fondamentales dans notre culture. En outre, ces expérimentations imposent aux personnes qui les subissent des épreuves qui sont aux limites du supportable. Au cours des deux dernières décennies, les problèmes de la recherche biomédicale, en particulier dans leurs dimensions éthiques, ont été l'objet de réflexions qui ouvrent un champ nouveau à l'analyse sociologique.

7

L'EXPÉRIENCE DE LA MALADIE DANS TOUS LES LIEUX DE LA VIE SOCIALE

Dans les chapitres 5 et 6 nous avons envisagé la maladie par rapport à l'institution qui la prend en charge dans notre société, c'est-à-dire la médecine moderne. Néanmoins, la maladie et l'expérience qu'elle représente débordent largement la seule sphère du médical et jouent un rôle dans tous les lieux de la vie sociale. Ce constat s'applique tout particulièrement au cas des malades chroniques qui, pour faire face à leur état, ne sont pas seulement confrontés aux soignants mais à une multitude d'acteurs divers qu'ils rencontrent dans tous les lieux de la vie sociale.

Dans la plupart des situations de la vie quotidienne, être malade ou être en bonne santé n'est pas équivalent et cela intervient dans les rapports avec l'entourage. La maladie mais aussi la fatigue et les petits malaises quotidiens jouent donc un rôle médiateur dans divers types de rapports sociaux, en particulier sur les lieux de travail ou encore à l'école.

L'usage social des maladies dans les relations de travail a été analysé par Nicolas Dodier[1]. L'auteur montre comment la maladie d'une personne sur le lieu de travail, amène les individus en présence à négocier les tâches imparties à chacun et à organiser des réponses collectives à cet événement. Contrairement à ce que l'on pourrait croire, les évaluations faites par les individus ne se fondent que partiellement sur des expertises médicales et s'appuient plutôt sur des jugements moraux. Les membres de l'équipe de

1. N. Dodier, « Corps fragiles. La construction sociale des événements corporels dans les activités quotidiennes de travail », *Revue Française de Sociologie*, XXVII, 1986, pp. 603-628.

travail se demandent, par exemple, si la personne cherche ou non à profiter de sa maladie et si elle mérite d'être déchargée d'une partie de sa tâche.

On retrouve des phénomènes du même ordre à l'école comme en témoigne l'étude ethnographique réalisée par un sociologue anglais, Alan Prout[2]. Celle-ci porte sur les réactions des enseignants aux absences des jeunes élèves dans une école primaire anglaise et montre comment certaines valeurs sociales et morales entrent en jeu dans le traitement de la maladie. En effet, l'équipe d'enseignants considère que certains enfants, mal élevés par leurs parents, sont devenus incapables d'assumer les rigueurs et les sacrifices que notre monde compétitif exige. En refusant d'écouter certaines plaintes et en obligeant les enfants à reprendre leur travail scolaire, les enseignants espèrent modeler le caractère des élèves. Il s'agit certes de changer leur façon de réagir aux symptômes mais, plus globalement, l'objectif est de réformer leur attitude en fonction des exigences propres au travail scolaire. Cette stratégie est en effet d'autant plus forte que l'observation porte sur une classe où s'opère l'orientation des enfants et où, de ce fait, leur avenir est en question.

L'idée selon laquelle la maladie constitue un médiateur des rapports sociaux prend tout son sens dans le cas des maladies chroniques en raison de leurs caractéristiques spécifiques. Du fait de l'étalement dans la durée de ces pathologies, de leur incurabilité et du maintien fréquent de la personne atteinte dans son cadre de vie habituel, la maladie est au cœur de tous les rapports sociaux que ces personnes entretiennent avec l'extérieur socialisé. Comme l'indique Isabelle Baszanger[3], ces personnes évoluent désormais dans « le monde de la maladie chronique » dont l'univers médical ne constitue qu'une facette particulière, ainsi, une appréhension nouvelle de la maladie chronique s'impose : « la situation de maladie doit être étudiée dans tous les lieux de la vie sociale ». Ainsi, le malade et le médecin sont loin d'être les seuls acteurs qui interviennent et l'impact

2. A. Prout, « Wet Children and Little Actresses : Going Sick in Primary School », *Sociology of Health and Illness*, Juin 1986, vol. VIII, n° 2, pp. 111-136.
3. I. Baszanger, « Les maladies chroniques et leur ordre négocié », *Revue Française de Sociologie*, XXVII, 1986, pp. 3-27.

désorganisateur de la maladie se fait sentir dans la famille, au travail, dans les loisirs... Les règles et les rôles spécifiques à chacun de ces mondes sociaux sont perturbés. Un des objectifs du malade est alors de tenter de réduire les dérèglements induits par l'expérience de la maladie dans chacun des lieux où celle-ci intervient.

1. L'EXPÉRIENCE DE LA MALADIE CHRONIQUE

L'étude de l'expérience de la maladie chronique a émergé comme thème spécifique de la sociologie de la maladie vers le milieu des années 1970. Pour Peter Conrad[4], il s'agit d'analyser la vie quotidienne des gens qui vivent « avec et en dépit de la maladie ».

Le terme de maladie chronique rassemble sous une même catégorie des pathologies très diverses en raison de leur durée. Il y a cependant peu de ressemblances entre l'asthme et la sclérose en plaque, la mucoviscidose, le diabète, l'hémophilie. P. Conrad insiste dès lors sur la nécessité d'opérer des distinctions. En effet, certaines maladies, comme l'asthme ou la polyarthrite, ne constituent pas une menace vitale, l'individu devant simplement apprendre à s'adapter à sa pathologie afin de pouvoir vivre avec. Au contraire, les maladies cardiovasculaires ou le cancer représentent pour l'individu une menace de mort. Elles peuvent cependant être soignées et le malade peut parvenir à un état de rémission éventuellement assez long. Dans ce deuxième cas, la survie est donc au centre des préoccupations du malade. On doit aussi prendre en compte d'autres distinctions. La personne peut être dans différentes phases de sa maladie. La maladie peut être « stigmatisante » comme le sida ou « incapacitante », etc. L'expérience de la maladie chronique doit donc être envisagée dans une très grande diversité. Certains thèmes apparaissent cependant comme récurrents dans les travaux sociologiques, comme celui de l'incertitude à laquelle de très nombreux malades chroniques sont confrontés.

4. P. Conrad, « The Experience of Illness : Recent and New Directions », *Research in the Sociology of Health Care*, 1987, vol. VI, pp. 1-31.

1.1 L'incertitude sur le cours des événements

L'incertitude est au cœur de l'expérience de bon nombre de maladies chroniques. Elle ne porte pas simplement, dans ce cas, sur le travail médical et l'innovation thérapeutique (sa capacité à diagnostiquer ou à traiter une pathologie), phénomènes qui ont été analysés par Renée Fox (chapitre 6) mais, plus largement, sur le cours de la vie des individus atteints. Ils ont toujours à redouter un incident imprévu ; une évolution défavorable de leur état. Les hémophiles redoutent, par exemple, de se réveiller avec un hématome ou une articulation bloquée ; les diabétiques peuvent être victimes d'un coma imprévu, les épileptiques d'une crise soudaine. Pour certaines maladies comme le sida, le cours même de la maladie est incertain. Ainsi les personnes séropositives doivent envisager le fait qu'elles peuvent tomber malades à tout moment[5]. Cette situation a des implications très concrètes pour leur vie. Dans la mesure où les projets à long terme deviennent impossibles, les personnes les plus gravement atteintes prennent parfois le parti de vivre au jour le jour en valorisant l'instant présent.

1.2 Faire face à la maladie

Toutefois, il ne suffit pas de décrire l'expérience que vivent les patients et le dérèglement produit par l'irruption de la maladie dans leur vie. Les sociologues se sont attachés à analyser les stratégies mises en place par les individus pour gérer les problèmes que celle-ci entraîne. Dans tous les lieux de la vie sociale perturbés par la maladie, la personne malade est donc un acteur central, obligé de faire des choix et de prendre des initiatives. Il peut s'agir pour elle de trouver un emploi plus adapté à sa nouvelle situation ou, au contraire, de cesser son activité professionnelle. La maladie peut l'amener à modifier la nature des rapports qu'elle entretenait avec sa famille, ses amis, ses collègues de travail. Cependant, des problèmes

5. R. Weitz, « Living with the Stigma of Aids », *Qualitative Sociology*, 1990, 13 (1), pp. 23-38.

d'ordre psychologique ou émotionnel sont fréquents si l'individu considère que sa vie n'a désormais plus de sens. À divers niveaux, les stratégies qui vont être développées par les personnes malades consistent à renégocier[6] une certaine forme d'ordre dans les différentes sphères de leur vie sociale.

Un des buts centraux vers lequel tendent les acteurs qui interviennent autour de la maladie chronique (le malade, sa famille, les soignants, etc.) est celui de sa « normalisation ». Le milieu médical donne à cette notion un sens très positiviste recoupant la notion de « réadaptation ». Celle-ci est effective lorsqu'un contrôle optimal de la maladie peut être réalisé (on peut y parvenir dans le cas du diabète par exemple) ou encore lorsque la réinsertion professionnelle ou scolaire est réussie. Cependant, celle-ci n'est souvent pas possible. En outre, pour les sociologues, la normalisation n'est jamais un retour à l'état antérieur mais elle constitue un ensemble d'actions et d'interprétations devant mener à la construction d'une « nouvelle attitude naturelle » (de « père malade » par exemple). Celle-ci ne pourra cependant être acceptable que si le nouveau mode d'existence adopté est en accord, au moins relatif, avec les valeurs des individus concernés : ainsi certains modes d'adaptation à la maladie, pourtant financièrement rationnels (la mère va travailler à l'extérieur et le père devient « homme au foyer »), ne peuvent être adoptés dans tous les ménages parce que les personnes concernées ne les acceptent pas. Les dispositifs instaurés dans l'urgence pour s'adapter à la maladie sont donc le plus souvent fragiles[7].

L'ensemble de ces restructurations – qu'elles soient ou non réussies – concernant les rôles sociaux d'une personne ont aussi une dimension identitaire. La personne est en effet atteinte dans la conception qu'elle a d'elle-même. C'est ainsi que, pour Michael Bury[8], l'irruption de la maladie constitue toujours une « rupture biographique » dans la mesure où elle impose non seulement des modifications dans l'organisation concrète de

6. I. Baszanger, *art. cit.*
7. K. Kirchgassler et E. Matt, « La Fragilité du quotidien : les processus de normalisation dans les maladies chroniques », *Sciences sociales et santé*, vol. V, n° 1, février 1987.
8. M. Bury, « Chronic Illness as Biographical Disruption », *Sociology of Health and Illness*, Juin 1982, vol. IV, n° 2, pp. 167-182.

la vie mais où elle met également en cause le sens de l'existence des individus, l'image qu'ils ont d'eux-mêmes et les explications qu'ils en donnent. Kathy Charmaz[9] a sans doute été l'auteur qui a le mieux exprimé l'idée selon laquelle la perte de son ancienne identité, imposée par la maladie (l'auteur parle de « perte de soi »), constitue une forme de souffrance particulière pour la personne malade.

1.3 La gestion du stigmate

Certaines maladies chroniques comme certains handicaps disqualifient les personnes qui en sont atteintes, celles-ci faisant l'objet d'une stigmatisation. L'étude classique de Erving Goffman[10] rend compte de la façon dont le stigmate est géré par les personnes qui ont à le subir (les malades, les handicapés, mais aussi les noirs, les homosexuels, etc.). L'auteur établit d'abord la distinction entre un trait ou des attributs discréditables et ceux qui sont effectivement discrédités. Les traits discréditables sont ceux qui ne sont pas immédiatement visibles pour l'entourage ou qui ne sont pas connus de lui (par exemple, être diabétique) et qui, en conséquence, ne sont que potentiellement stigmatisables. Au contraire, les traits discrédités sont immédiatement visibles ou connus (tel est le cas pour les gens de couleur, pour les personnes ayant subi une amputation, ou pour les malades qui ont perdu leurs cheveux à la suite d'une chimiothérapie). Ils produisent une réaction négative chez les personnes rencontrées. Selon Goffman, le porteur de stigmate accepte les valeurs sociales dominantes et va, en conséquence ressentir de la honte. À partir de ce postulat, l'auteur a identifié l'éventail des stratégies que les porteurs de stigmate utilisent pour gérer les tensions apparaissant au cours de leurs contacts avec les « gens normaux ». Il en identifie trois : 1) l'individu cache l'attribut dévalué afin d'être accepté comme quelqu'un de normal ; 2) il essaie de réduire la

9. K. Charmaz, « Loss of Self : a Fundamental Form of Suffering in the Chronically Ill », *Sociology of Health and Illness*, 1983, 5, pp. 168-95.
10. E. Goffman, *Stigmate. Les usages sociaux des handicaps*, Éditions de Minuit, 1975 (traduction de *Stigma*, Prentice-Hall, Englewood Cliffs, N.J., 1963).

signification de la condition de personne stigmatisée plutôt que de nier son existence ; 3) il décide au contraire de se retirer de la vie sociale et de ne plus participer aux activités qui impliquent un contact avec les gens normaux.

En ce qui concerne la première stratégie, Goffman considère que, lorsque la situation est discréditable, la tâche principale de l'individu est de gérer l'information qui pourrait conduire au fait d'être discrédité. Ce phénomène est particulièrement saillant dans le cas du sida où les premiers individus atteints étaient le plus souvent homosexuels ou toxicomanes, dans ce cas, le stigmate attaché à ces groupes sociaux est venu s'ajouter à celui de la maladie, les personnes atteintes étant ainsi souvent doublement stigmatisées. Les études de Rose Weitz [11] montrent que la confidentialité est un enjeu central. Les personnes atteintes interviewées (des homosexuels et bisexuels masculins américains) tentent d'éviter la stigmatisation en cachant leur maladie, ou en sélectionnant soigneusement les personnes auxquelles elles peuvent la révéler et dans quelles circonstances. Aussi, pour tester l'éventuelle réaction de leur interlocuteur, se présentent-elles parfois d'abord comme des personnes ayant des malades dans leur entourage. Les travaux de Michael Pollak et de Marie-Ange Schiltz, montrent également, pour les personnes homosexuelles contaminées, toutes les difficultés de la gestion d'une « identité indicible » [12].

Néanmoins, le problème de la stigmatisation est peut-être moins généralisable que ne le pensent Goffman et les auteurs qui reprennent son modèle. En effet, les handicapés physiques sont souvent plus préoccupés par l'accomplissement de leurs tâches quotidiennes que par la gestion d'une identité blessée. On peut critiquer aussi la représentation qu'a l'auteur de la personne stigmatisée. Pour lui, ces individus acceptent les normes sociales qui les disqualifient. En fait, aux stratégies défensives envisagées par Goffman s'ajoutent celles où les individus refusent les normes sociales

11. R. Weitz, « Living with the Stigma of Aids », *Qualitative Sociology*, 1990, 13 (1), pp. 23-38.
12. M. Pollak et M.A. Schiltz, « Identité sociale et gestion d'un risque de santé : les homosexuels face au sida », *Actes de la recherche en sciences sociales*, 1987, n° 68, pp. 77-102.

qui les stigmatisent et s'engagent, par exemple, dans un activisme politique visant à changer les valeurs dominantes.

2. Les liens sociaux comme forme de soutien

L'individu malade peut choisir de gérer, dans la solitude, l'ensemble des problèmes auxquels il est confronté, ou peut y être contraint. L'écriture d'un journal intime aide parfois la personne malade à résoudre certaines questions d'ordre identitaire. Il s'agit, grâce au débat avec soi-même qui est le propre du journal intime, de retrouver une cohérence dans sa biographie et de donner un sens à l'expérience de la maladie (chapitre 4). Récemment, les livres publiés par des malades du sida montrent comment l'écriture permet de gérer une « expérience limite »[13]. Il est probable que nous ne disposerions pas de témoignages de malades aussi nombreux si ceux-ci n'avaient pas une telle fonction « thérapeutique ». François Laplantine utilise à leur propos l'expression de « salut par l'écriture »[14].

Cependant dans la plupart des cas les malades s'appuient plutôt, s'ils le peuvent, sur le tissu social qui les entoure. Nous avons vu dans le chapitre 3 le rôle joué par le soutien social dans la détermination des états de santé des individus. Le soutien social leur permet également de mieux gérer leur situation une fois que la maladie est effectivement installée. La fonction de soutien repose sur des niveaux d'implication plus ou moins forts de l'entourage. Les proches peuvent prendre totalement en charge un malade en phase terminale mais le soutien social est aussi constitué par des petits services, des coups de téléphone ou des invitations adressées à une personne atteinte d'une maladie moins grave. Il peut enfin avoir des contenus différents. Le lien social permet d'assurer le bien-être psychologique de la personne malade mais il a aussi d'autres effets concrets. Le

---

13. On peut ici dresser un parallèle avec le travail autobiographique réalisé après leur retour par certains déportés rescapés des camps de la mort. Voir M. Pollak, *L'Expérience concentrationnaire*, Métailié, 1990.
14. F. Laplantine, « La Littérature et la maladie », *L'Homme et la santé*, La Villette/Seuil, Paris, 1992, pp. 77-85.

réseau de connaissances d'un individu l'aidera à trouver un emploi plus adapté à son état ou bien encore à s'insérer dans un autre cercle de relations. Cependant, dans tous les cas, une distinction doit être faite entre le « noyau dur » des quelques personnes qui fournissent le principal soutien émotionnel au malade et le réseau beaucoup plus vaste et lâche permettant de trouver des informations, des compétences, et de résoudre des problèmes matériels. On oublie trop souvent la force de ces liens plus ténus [15].

Ces différentes formes d'aide aux malades n'ont pas de véritable visibilité dans notre société. Pourtant, une part importante de la prise en charge et du soutien des malades est réalisée en dehors du système de santé. Si la famille et les autres « aidants naturels » en constituent traditionnellement la source principale, on doit également lui adjoindre le rôle désormais central, pour un certain nombre de maladies, des groupes d'autosupport.

2.1 La famille et les autres « aidants naturels »

Depuis une vingtaine d'années, la volonté des pouvoirs publics de développer les soins à domicile, moins coûteux que la prise en charge institutionnelle, a renforcé le rôle de la famille dans la gestion de la maladie. Cette politique a contribué au maintien à domicile des personnes âgées ou atteintes d'une maladie ne nécessitant que des soins infirmiers courants et une aide ménagère. L'émergence du sida a renforcé cette évolution. Par ailleurs, le mouvement de transfert de technologies médicales dans la sphère familiale permet de traiter à domicile des maladies comme la mucoviscidose, l'insuffisance rénale terminale, le diabète, les maladies héréditaires du métabolisme, etc. Qu'il s'agisse de la simple garde d'un enfant malade [16], lors d'une « petite maladie » caractéristique de l'enfance, ou de cas plus graves, le travail de gestion de la maladie réalisé par la famille en fait un acteur central des soins de santé : ce travail profane est cepen-

15. M. S. Granovetter, « The Strength of Weak Ties », *American Journal of Sociology*, 1973, vol. LXXVIII, pp. 1361-1380.
16. F. de Singly, *Parents salariés et petites maladies d'enfant. Le congé pour enfant malade*, La Documentation française, Paris, 1993.

dant le plus souvent non reconnu et demeure en grande partie invisible. Pourtant, on a pu mettre en évidence l'importance de cette production familiale de soins[17]. Les coûts financiers mais aussi psychologiques et sociaux peuvent être considérables pour l'entourage.

Le travail de Renée Waissman[18], portant sur l'hémodialyse à domicile des enfants insuffisants rénaux illustre la façon dont la prise en charge d'une maladie grave pèse sur la vie quotidienne d'une famille. La famille, et surtout la mère, jouent le rôle de véritables techniciens médicaux autour de l'enfant et de la machine. Le choix d'un traitement à domicile vise à permettre à l'enfant de vivre dans un univers plus humain que l'hôpital et de demeurer scolarisé. Mais cette volonté de normalisation pèse lourd et entraîne une redéfinition de la vie familiale sur tous les plans. La mère est fréquemment amenée à abandonner son travail à l'extérieur. Le travail médical accompli par les parents – outre le difficile apprentissage qu'il implique – peut être une source de conflits et engendrer de l'agressivité entre les différents membres de la famille. Ce type de situation « est donc un révélateur des liens familiaux qu'il peut briser ou au contraire renforcer ». Pour cette affection, la famille est un acteur d'autant plus important que la personne malade est un enfant.

Dans le cas du sida au contraire, la famille n'apparaît pas comme l'instance centrale de la prise en charge de la maladie. Ce sont, en effet, souvent des réseaux affectifs plus larges, constitués par les amis ou les amants des malades, qui ont joué un rôle essentiel. Cette caractéristique a été mise en évidence, pour la population homosexuelle, par Michael Pollak[19] mais aussi par Michel Perreault et Nathalie Savard[20] dans un article sur les « aidants naturels » de personnes malades du sida au Québec. Ces

---

17. M. Bungener, « Logique et statut de la production familiale de santé », *Sciences sociales et santé*, 1987, vol. V, pp. 44-59.
18. In P. Aïach, A. Kaufmann, R. Waissman, *Vivre une maladie grave*, chap. III : « Le travail médical de la famille », Méridiens Klincksieck, 1989.
19. *Les Homosexuels et le sida, Sociologie d'une épidémie,* Paris, A.M. Métailié, 1988.
20. M. Perreault et N. Savard, « Le vécu et l'implication d'aidants naturels de personnes vivant avec le VIH », *Santé mentale au Québec*, 1992, XVII, 1, pp. 111-130.

auteurs nous invitent à prendre en compte le travail de cette famille élargie et montrent que dans le cas du sida, les coûts sociaux pour les aidants naturels sont majeurs. Il est clair que le fait de s'occuper d'une personne malade du sida conduit dans certains cas à la marginalisation sociale de la personne qui l'aide.

2.2 Les associations de malades comme lieu de soutien

Pour certaines pathologies des associations existent depuis de nombreuses décennies et peuvent également constituer des lieux de soutien. En France, les plus anciennes regroupaient, dès le début du siècle, les paralysés ou les blessés du poumon ; à partir de 1935, aux États-Unis se développe également un groupement comme celui des Alcooliques anonymes, qui compte aujourd'hui des centaines de milliers de membres dans le monde. En France, la mobilisation s'est également effectuée autour du diabète, de l'hémophilie, de la myopathie, de certains cancers et handicaps, etc.

Aux États-Unis, en Angleterre, dans l'Europe du Nord et dans une moindre mesure en France, ces divers groupes sont de plus en plus nombreux et actifs : parfois réunis en fédérations, ils organisent des rencontres, éditent des journaux spécialisés et sont fréquemment les partenaires des pouvoirs publics pour les problèmes de santé. Ces structures ont dès lors suscité l'intérêt des sociologues qui ont étudié leurs caractéristiques et le type de soutien offert[21].

La première interrogation formulée par les auteurs consiste à savoir si ces groupes peuvent ou non être qualifiés « d'autosupport » (*self-help* en anglais), c'est-à-dire s'ils sont des structures créées par des personnes confrontées à un problème commun et décidées à y faire face en s'appuyant sur leur organisation collective et leurs propres moyens. Toutes les associations ne renvoient pas à ce modèle. Pour certaines pathologies comme

21. Sur ce point, voir M. Morgan, M. Calnan and N. Manning, *Sociological Approaches to Health and Medicine*, London, Croom Helm, 1985, pp. 265-274.

le diabète[22] ou l'hémophilie[23], les médecins y jouent un rôle essentiel. Mais, même lorsqu'elles ne regroupent que des gens concernés par la maladie, l'usage de la notion de *self-help* ne va pas de soi. On peut en donner comme exemple la lutte contre le sida qui, depuis une décennie, constitue le fait marquant de la mobilisation associative[24].

M. Pollak a montré que ces structures résultent le plus souvent de l'association de personnes atteintes par le VIH mais aussi de proches, qu'ils soient des amants ou des parents. Cette caractéristique originelle a cependant été progressivement brouillée par plusieurs évolutions. En France comme à l'étranger, de nombreuses associations se sont institutionnalisées[25] : d'anciens bénévoles sont devenus des permanents salariés et des professionnels extérieurs au monde associatif ont également été recrutés. Certaines associations, en quête de respectabilité, se présentent même comme regroupant uniquement des professionnels et passent ainsi sous silence l'homosexualité ou la séropositivité de leurs membres. Par ailleurs, des individus non directement touchés par le sida se sont engagés dans le mouvement associatif.

Ainsi, au fil du temps, avec l'entrée en scène d'acteurs différents, une diversité de logiques s'est développée au sein des associations[26] et la notion initiale d'autosupport est apparue moins évidente. Néanmoins, si elle prend une forme différente et inclut plusieurs types d'aidants, la fonction de soutien aux malades n'en demeure pas moins centrale.

---

22. A. Coussaert, « Les vêtements de la santé. Le cas du diabète insulino-dépendant », *Projections. La santé au futur*, n° 1, hiver 1989/90.
23. D. Carricaburu, « L'Association française des hémophiles face au danger de contamination par le virus du sida », *Sciences sociales et santé*, octobre 1993, vol. XI, n° 3-4, pp. 55-81.
24. M. Pollak, « La clinique des associations de lutte contre le sida. Entre bénévolat et professionnalisation », *L'Information psychiatrique*, n° 8, octobre 1990 et M. Pollak, « Organizing the Fight Against AIDS », in : M. Pollak with G. Paicheler and J. Pierret, *AIDS. A Problem for Sociological Research*, London, Sage publications, 1992.
25. S.C. Ouellette Kobasa, « Aids and Volonteer Associations : Perspectives on Social and Individual Change », *The Milbank Memorial Fund Quarterly*, vol. LXVIII, 1990, p. 280-294.
26. S. Rosman, « Entre engagement militant et efficacité professionnelle : naissance et développement d'une association d'aide aux malades du sida », *Sciences sociales et santé*, juin 1994, vol. XII, n° 2, pp. 113-139.

Toutes les personnes atteintes ne font cependant pas appel aux associations. Celles qui peuvent compter sur l'aide naturelle d'un réseau familial ou amical en ont évidemment moins besoin. Pour les autres, lorsque le soutien social fait défaut, ou est insuffisant, les associations apportent une aide non négligeable. Leur activité, comme pour d'autres pathologies, a d'abord une visée instrumentale en fournissant à leurs membres des services sociaux, juridiques et parfois financiers. Elles leur permettent aussi de trouver de l'information sur la maladie et les traitements disponibles, afin de gérer l'incertitude dans laquelle ils se sentent pris. Par rapport à d'autres affections, le cas du sida est cependant spécifique. L'action associative ne se fonde pas, comme dans certaines maladies chroniques, sur l'apprentissage d'une technique de soins : c'est cette maîtrise, collectivement acquise par l'aide des anciens malades aux plus récents qui sert de ciment à de nombreux groupes de malades, par exemple les diabétiques ou les insuffisants rénaux se dialysant à domicile. Les associations de lutte contre le sida, en revanche, se fondent davantage sur la mise en place du soutien émotionnel dont ont besoin les personnes atteintes. Ainsi, à l'association Aides, celles-ci peuvent participer à des « groupes de parole » au sein desquelles elles parlent des problèmes liés à leur séropositivité. On tente d'apprendre au nouveau venu que l'infection par le virus VIH ne signifie pas la mort. Ces groupes fonctionnent donc comme lieu d'apprentissage d'un certain mode de vie avec le VIH.

Ce modèle de socialisation de la séropositivité a également une fonction pour les bénévoles eux-mêmes qui espèrent y trouver des ressources pour gérer leur propre état. Ils considèrent qu'ils « s'aident eux-mêmes en aidant les autres »[27] et que l'engagement a une fonction thérapeutique. Sans doute celui-ci permet-il aux volontaires atteints de relativiser leur propre situation par comparaison avec d'autres plus désemparées et de retrouver une certaine estime de soi grâce à l'action altruiste.

Faire face à une situation aussi dramatique qu'une grave maladie exige

27. Les Alcooliques anonymes ont les premiers formulé cette idée sous le terme de « principe de l'aidant ».

toujours ce que M. Pollak a appelé un « travail d'espoir »[28]. Pour les personnes atteintes du sida, celui-ci prend appui aussi bien sur les relations avec la médecine, officielle ou parallèle, que sur un retour à des pratiques religieuses[29]. Mais l'action des associations, en est une composante importante. Celle-ci, cependant, demeure ambiguë – dans le cas d'une maladie létale, la construction de l'espoir rencontre toujours ses limites – et fragile en raison de la vulnérabilité physique des volontaires associatifs[30]. Pour que le soutien se perpétue, il faut donc que le sida mobilise d'autres acteurs que les personnes directement touchées et prenne place dans l'espace public.

2.3 Une maladie dans l'espace public

L'expérience intime des volontaires atteints par le VIH au sein des associations conditionne en partie l'action collective dans le domaine de la lutte contre le sida[31]. L'effort de production d'une « image positive » de l'expérience de la séropositivité et de la maladie s'inscrit dans une offensive globale s'attaquant à l'idée du « cancer gay » inéluctablement associé à la mort, répandue par les médias au début de l'épidémie. C'est pourquoi des séropositifs ou des malades, le plus souvent issus du monde associatif, ont pris la parole publiquement pour faire entendre ce contre-discours. Comme le montre une étude australienne d'Andrea Whittaker[32], cette offensive s'attaque à toutes les « métaphores »[33] potentiellement stigmatisantes qui s'attachent au sida. En France, les associations ont, d'autre part, très

28. M. Pollak, « Du traumatisme au travail d'espoir », *Santé mentale*, mars 1988, n° 96, pp. 29-36.
29. L. Laurindo da Silva, « L'attachement à la mystique et aux thérapies alternatives », *Santé mentale*, mars 1988, n° 96, pp. 16-19.
30. P. Adam, « Expérience intime et action collective », *Informations sociales. Sida : état des lieux*, n° 32, décembre 1993, pp. 76-84.
31. P. Adam, *art. cit.*
32. A.M. Whittaker, « Living with HIV : Resistance by Positive People », *Medical Anthropology Quarterly*, 1992, 6 (4), pp. 385-390.
33. S. Sontag, *op. cit.* Voir chapitre 4.

vite opposé à la notion de maladie touchant exclusivement des groupes à risques, l'idée que le sida peut toucher tout le monde. À travers l'action des associations et les relais qu'elles ont su mobiliser dans les médias et dans certains groupes professionnels, cette maladie constitue une « cause »[34] pouvant entraîner, comme l'a montré M. Pollak, une mobilisation plus générale et impliquant des enjeux dépassant les personnes actuellement atteintes.

Ces enjeux sont d'abord apparents sur le plan sanitaire. Le sida a mis en évidence, avec plus d'acuité qu'aucune autre affection, les limites d'un système médical exclusivement centré sur l'intervention technique ; les associations et leurs relais dans la société globale ont montré l'importance dans la lutte contre toute maladie des dispositifs de soutien émotionnel et relationnel. Le sida a aussi été l'occasion d'importantes modifications dans les relations médecin-malade, celles-ci prenant, dans certains cas, la forme d'un véritable partenariat. Les associations militent en particulier pour que les droits des personnes atteintes soient respectés dans le cadre de la recherche et de la prévention et pour y obtenir un pouvoir de décision. Elles sont devenues les interlocuteurs incontournables des pouvoirs publics et des différentes instances intervenant dans tous les domaines de la lutte contre le sida. On peut cependant se demander si ces nouvelles formes de relations sociales autour de la maladie vont se généraliser à l'ensemble des pathologies ou si elles vont demeurer circonscrites au cas spécifique que constitue le retour d'une épidémie.

Le sida réactualise donc la dimension collective de la maladie mais celle-ci ne s'identifie pas seulement, comme pour les épidémies d'autrefois, à la menace de contagion. Le sida est une maladie collective dans sa prise en charge et parce qu'elle s'inscrit dans tous les lieux de la vie sociale : elle manifeste sa présence dans l'espace privé de la relation médecin-malade et de la vie quotidienne mais aussi dans celui de la vie politique. C'est à partir de 1985, à propos du dépistage des donneurs de sang, que

34. M. Pollak, « Constitution, diversification et échec de la généralisation d'une grande cause. Le cas de la lutte contre le sida », *Politix*, n° 16, 1991, pp. 80-90.

la question de la prise en charge de cette maladie par les pouvoirs publics s'est posée[35]. Depuis cette date, il apparaît de plus en plus clairement que se cristallisent à son propos des conflits entre intérêts individuels et collectifs, entre enjeux économiques et droit des personnes et que s'y redéfinissent, le plus souvent de manière conflictuelle, l'ensemble des attentes vis-à-vis du rôle de la médecine, de la famille, des citoyens, de l'État lui-même.

35. Sur ce point voir C. Herzlich et J. Pierret, « Une maladie dans l'espace public. Le sida dans six quotidiens français », *Annales ESC*, sept-oct. 1988, pp. 1109-1134. M. Setbon, *Pouvoirs contre sida. De la transfusion sanguine au dépistage : décisions et pratiques en France, Grande-Bretagne et Suède*, Paris, Seuil, 1993.

CONCLUSION

La sociologie de la maladie et de la médecine a mis en évidence l'ascendance de plus en plus grande de la médecine scientifique dans la prise en charge de la maladie. Les sciences sociales ont d'abord montré qu'on ne pouvait envisager le développement scientifique comme le seul produit des progrès de la connaissance : la science est, elle aussi, un produit social. De ce point de vue, la sociologie de la médecine a donc un caractère paradigmatique : l'ascension de la médecine, et ses succès, illustrent l'évolution vers la sécularisation et la rationnalisation des sociétés modernes, thèmes qui ont tant préoccuppé les pères fondateurs de la sociologie.

Si l'on a pu voir dans la médecine moderne le triomphe de la modernité, nous nous heurtons en revanche aujourd'hui aux limites de cette évolution. Sur ce plan, le sida constitue un bon révélateur permettant de mesurer les enjeux intellectuels et pratiques que la sociologie doit aujourd'hui aborder. Face à cette pathologie, l'optique purement médicale et technique apparaît trop restrictive. Ce constat s'impose dans plusieurs domaines. Quand une maladie survient, elle n'engage pas seulement l'institution médicale mais une diversité de registres du social, comme les sphères familiales ou professionnelles. En outre, on mesure de plus en plus le rôle que jouent, par rapport à la maladie, les médias, le pouvoir politique ou encore la religion. La sociologie du travail, de la science, de la famille ou des politiques publiques et, d'autre part, la sociologie de la maladie et de la médecine doivent s'articuler.

La perspective médicale est également trop étroite dans la mesure où, en dépit d'importants investissements financiers, la médecine n'apporte pas toujours la santé. La confrontation avec cette réalité induit des coûts sociaux et psychologiques, à la fois pour les soignants et les malades. Des situations de crise apparaissent au cours desquelles des représentations de la société moderne et de ses dysfonctionnements se projettent sur la médecine : en parallèle avec sa technicisation croissante, elle devient l'objet d'accusations. L'affaire du sang contaminé qui, à partir de 1992, émeut l'opinion publique française montre comment la médecine peut être perçue comme porteuse de danger. On comprend donc que les rapports de l'individu avec la médecine, et à travers elle la science, la technique, l'expertise, la décision politique, apparaissent comme prototypiques d'un rapport conflictuel au social.

ORIENTATIONS BIBLIOGRAPHIQUES

La majorité des ouvrages et articles qui se rattachent à la sociologie de la maladie et de la médecine sont des travaux anglo-saxons. Nous nous sommes efforcés, dans notre sélection, de privilégier les travaux français, ou traduits en français, tout en indiquant les références des textes en anglais les plus importants.

1. Manuels

Il n'existe pas de manuel en français. En revanche, on peut consulter deux recueils qui présentent des textes importants du domaine. Nous nous référons à plusieurs d'entre eux dans cet ouvrage. Ces recueils sont :

HERZLICH Claudine, *Médecine, maladie et société*, Paris-La Haye, Mouton, 1970.

STEUDLER François, *Sociologie médicale*, Paris, Armand Colin, 1972.

Parmi les très nombreux manuels en anglais, nous suggérons la lecture de :
MORGAN Myfanwy, CALNAN Michael, MANNING Nick, *Sociological Approaches to Health and Medicine*, London, Routledge, 1988. Ce livre constitue une présentation très complète et très claire de l'ensemble du domaine.

FOX Renée C., *The Sociology of Medicine : a Participant Observer's View*, Englewood Cliffs, N.J., Prentice Hall, 1989. Nous recommandons en particulier les deux derniers chapitres : « Medical Science and Medical Research » et « The Sociology of Bioethics » qui traitent de problèmes que nous n'avons pu aborder dans le présent ouvrage.

2. Ouvrages fondateurs

Le livre d'Eliot FREIDSON, *La Profession médicale*, Paris, Payot, 1984, constitue, outre son intérêt proprement théorique, un véritable traité de sociologie de la maladie et de la médecine.

Les travaux de Talcott PARSONS constituent également un point de passage obligé.

Ils concernent le rôle du médecin et le rôle du malade et ont été à l'origine du développement de la sociologie de la maladie et de la médecine. Le plus connu et le plus accessible est :

PARSONS Talcott, « Social Structure and Dynamic Process : the Case of Modern Medical Practice », in : *The Social System*, Glencoe, Illinois, The Free Press, 1951, chapitre X. On en trouve une traduction dans : *Éléments pour une sociologie de l'action*, (éditeur François Bourricaud), Paris, Plon, 1955 ; de larges extraits sont également inclus dans *Médecine, maladie et société.*

Le lecteur intéressé par la problématique du « rôle du malade » devrait lire également l'article dans lequel, vingt ans plus tard, Parsons réexamine cette notion et répond aux critiques qui lui ont été adressées :

PARSONS Talcott, « The Sick Role and the Role of the Physician Reconsidered », *Milbank Memorial Fund Quarterly/Health and Society*, 1975, vol. LIII, n° 3.

Concernant le courant interactionniste, on trouvera une bonne introduction dans STRAUSS Anselm, *La Trame de la négociation, sociologie qualitative et interactionnisme.* Textes réunis et présentés par Isabelle Baszanger, Paris, L'Harmattan, 1992. Voir en particulier les chapitres I à V qui portent sur la maladie et la médecine.

Nous recommandons comme autres textes fondamentaux :

DURKHEIM Émile, *Le Suicide. Étude de Sociologie* (1897), Paris, PUF, 1960, ainsi que « Règles relatives à la distinction du normal et du pathologique », chapitre III de l'ouvrage *Les Règles de la méthode sociologique* (1895), Paris, PUF, 1987.

CANGUILHEM Georges, *Le Normal et le pathologique*, Paris, PUF, 1966.

3. Sélection de quelques livres ou articles portant sur des thèmes importants

BASZANGER Isabelle, « Les Maladies chroniques et leur ordre négocié », *Revue Française de Sociologie*, XXVII, 1986, pp. 3-27.

BURY Michael, « Chronic Illness as Biographical Disruption », *Sociology of Health and Illness*, July 1982, vol. IV, n° 2, pp. 167-182.

DODIER Nicolas, *L'Expertise médicale. Essai de sociologie du jugement*, Paris, A.M. Métailié, 1993.

ELSTER John et HERPIN Nicolas, *Éthique des choix médicaux*, Poitiers, Actes Sud, 1992. Ce livre porte sur un des thèmes que nous n'avons pas traités dans cet ouvrage.

FOX Renée C., *Experiment Perilous : Physicians and Patients Facing the Unknown*, Glencoe, Illinois, The Free Press, 1959.

FOX Renée C., SWAZEY Judith, *The Courage to Fail : a Social View of Organ Transplants and Dialysis*, Chicago, Chicago University Press, 1975. Ces deux ouvrages n'étant pas traduits, on peut cependant lire en français quelques textes de Renée Fox réunis dans le recueil *L'Incertitude médicale*, Paris et Louvain-la-Neuve, L'Harmattan et CIACO, 1988.

GOFFMAN Erving, *Asiles, études sur la condition sociale des malades mentaux*, Paris, Éditions de Minuit, 1968.

GOFFMAN Erving, *Stigmate, les usages sociaux des handicaps*, Paris, Éditions de Minuit, 1975.

GOOD Byron et DELVECCHIO-GOOD Marie-Jo, « The Meaning of Symptoms : a Cultural Hermeneutic Model for Medical Practice », in Leon Eisenberg et Arthur Kleinmann (eds), *The Relevance of Social Science for Medicine*, D. Reidel, 1980, pp. 165-196.

HERZLICH Claudine, *Santé et maladie, analyse d'une représentation sociale*, Paris, Éditions de l'EHESS, 1992.

HERZLICH Claudine et PIERRET Janine, *Malades d'hier, malades d'aujourd'hui. De la mort collective au devoir de guérison*, Paris, Payot, 1984, nouvelle édition 1991.

PENEFF Jean, *L'Hôpital en urgence*, Paris, A.M. Métailié, 1992.

PINELL Patrice, *Naissance d'un fléau, histoire de la lutte contre le cancer en France, 1890-1940*, Paris, A.M. Métailié, 1992.

POLLAK Michael, *Les Homosexuels et le sida, sociologie d'une épidémie*, Paris, A.M. Métailié, 1988.

Dans une **perspective interdisciplinaire**, nous suggérons les ouvrages suivants, …ernant l'histoire de la médecine :

… Jacques, *La Médecine entre les pouvoirs et les savoirs. Histoire intellec-…tique de la médecine française au XIXe siècle*, Paris, Aubier-Montaigne,

L'ouvrage de Jean-Paul LÉVY, *Le Pouvoir de guérir*, Paris, Éditions Odile Jacob, 1991, constitue une très bonne synthèse de l'histoire de la médecine scientifique occidentale.

Enfin, pour une introduction générale à l'ensemble des problèmes actuels dans le champ de la santé, utilisant l'approche de très nombreuses disciplines (biologie, épidémiologie, économie, histoire, démographie, sociologie, etc.) nous suggérons de consulter l'ouvrage collectif :

L'Homme et la santé, Paris, Seuil-La Villette, 1992.

11020844 - (VI) - (1,5) - OSB 80° - BTT
Imprimerie Nouvelle – 45800 Saint-Jean de Braye
N° d'Imprimeur : 432091D – Dépôt légal : juillet 2012